D1722366

LA GUÉRISON RADICALE

Une introduction au *Cours en miracles*

Michael Dawson

Le Souffle d'Or
BP 3
05300 BARRET-LE-BAS

Les pages qui suivent ont été inspirées par A Course in Miracles. *S'agissant de ma propre interprétation de certains des principes exposés dans cet ouvrage, mes propos ne peuvent prétendre à la profondeur et à la pureté de l'enseignement originel. Si toutefois ils vous semblent de quelque intérêt, je vous invite à étudier l'enseignement présenté dans* A Course in Miracles, *auquel rien se saurait venir se substituer.*

*A Salice, qui m'a tellement aidé
et Kenneth, qui a guidé mes pas
sur la voie de la compréhension.*

SOMMAIRE

NOTE DE L'AUTEUR

Le système de pensée exposé dans *A Course in Miracles* constitue le fondement de ce livre. J'ai découvert le Cours au début des années 80 et une fois ma lecture terminée, je l'ai mis de côté. Quelque temps plus tard, je trouvai dans ma boîte aux lettres deux ouvrages traitant du Cours — *A Talk Given On A Course in Miracles* et *Christian Psychology in A Course in Miracles*, tous deux écrits par le Dr Kenneth Wapnick. A ce jour encore, j'ignore qui me les a adressés. Leur lecture éclaira considérablement ma compréhension du Cours et ceci m'incita à en reprendre l'étude. J'ai depuis lors reçu une aide considérable de la part de Ken Wapnick, que ce soit au travers de ses livres et de ses cassettes ou directement, lors de l'élaboration de ce livre. Ses commentaires éclairés m'ont amené à apporter des changements majeurs à mon premier projet, tant au niveau du plan que du texte. Les idées de Ken et ses modèles d'enseignement éclairent en effet d'excellente façon, me semble-t-il, un système de pensée au premier abord difficile à comprendre. Au fil des ans, j'ai absorbé nombre de ses idées et certaines d'entre elles se trouvent inévitablement reflétées dans ce livre, notamment dans les Chapitres 2 et 3.

Je dois aussi beaucoup à mon épouse Salice, qui étudie également le Cours. Source d'aide et d'encouragement tout au long de l'élaboration de ce livre, elle l'a examiné avec soin, pesant littéralement chaque mot et apportant des commentaires inestimables, sur la forme comme sur le fond — sans oublier la frappe de tout le manuscrit.

Grâce aux avis conjugués de Salice et de Kenneth, ce livre est bien meilleur que si j'avais suivi mes idées initiales. Par moments mon ego s'est senti plutôt menacé par cette double attention. Cependant, je sais que profondément, le principal objectif de ce livre est de m'aider à me rapprocher de la réalité de l'esprit, et leurs conseils avisés m'ont aidé sur cette voie.

Je souhaite également remercier Caroline Myss pour son examen attentif du canevas du livre et son encouragement à le faire publier.

Enfin, je voudrais remercier tous ceux qui ont lu le manuscrit et m'ont offert leur soutien et leurs suggestions : Charles Frizell, David Pashby, Sandra Kramer et Lori Sunshine.

NOMENCLATURE DES RÉFÉRENCES

Ce livre s'appuie sur de nombreuses citations extraites de *A Course in Miracles* et des deux livrets annexes. La première édition [en langue anglaise] étant épuisée, le Cours et les deux livrets ont été réédités, avec une nouvelle numérotation des pages. Nos citations sont d'abord identifiées par l'une des lettres ci-dessous (précisant l'ouvrage dont elles proviennent), suivie du numéro de page de la première édition :

T : *Text* (Texte)

W : *Workbook* (Manuel de travail)

M : *Manual for Teachers* (Manuel de l'enseignant)

P : *Psychotherapy : Purpose, Process and Practice* (Psychothérapie : objet, processus et pratique)

S : *The Song of Prayer* (Le Chant de la prière)

Viennent ensuite, après un point-virgule, les indications permettant de localiser la citation dans la seconde édition (voir diagramme page suivante). Entièrement recomposée, celle-ci ne diffère pas seulement de la première édition par les numéros de pages. Une numérotation des lignes, paragraphes et sections y a également été ajoutée, ainsi que quelques pages ne figurant pas dans le livre initial (d'où la différence de numérotation des pages). Ces ajouts, qui n'apportent aucun nouveau concept au Cours, en élargissent seulement le contenu.

Le système de références permettant de localiser les citations dans la seconde édition de *A Course in Miracles* reprend la notation utilisée dans un index du Cours à paraître prochainement, comme illustré ci-dessous :

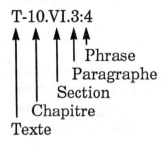

T-10.VI.3:4

┃ Phrase
┃ Paragraphe
Section
Chapitre
Texte

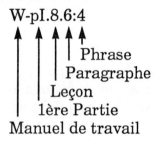

W-pI.8.6:4

┃ Phrase
┃ Paragraphe
Leçon
1ère Partie
Manuel de travail

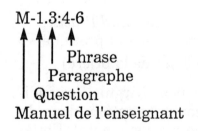

M-1.3:4-6

┃ Phrase
Paragraphe
Question
Manuel de l'enseignant

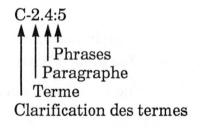

C-2.4:5

┃ Phrases
Paragraphe
Terme
Clarification des termes

Les exemples cités dans ce livre sont des histoires vécues. Les noms des patients et autres détails trop caractéristiques ont cependant été modifiés afin de garantir leur anonymat.

J'ai utilisé tout au long de ce livre des pronoms masculins et j'en présente à l'avance mes excuses à quiconque trouverait cette pratique offensante. J'ai fait ce choix afin de pouvoir me conformer aux règles grammaticales tout en évitant la lourdeur de tournures telles que « il ou elle », « lui-même ou elle-même ». En aucun cas mon intention n'a été de marquer une inégalité entre les sexes.

Rien de réel ne peut être menacé.
Rien d'irréel n'existe.
En cela réside la paix de Dieu.

Extrait de *A Course in Miracles* (Intro, Texte)

PROLOGUE

Seules vos pensées sont à l'origine de votre souffrance. Rien d'extérieur à votre esprit ne peut vous blesser ou vous porter préjudice de quelque façon que ce soit. Il n'existe aucune cause au-delà de vous-même qui puisse vous atteindre et vous accabler. Ce qui vous affecte ne vient de personne d'autre que vous. Il n'existe rien au monde qui ait le pouvoir de vous rendre malade ou triste, ou bien faible et fragile. Mais vous avez le pouvoir de dominer tout ce que vous voyez, simplement en reconnaissant ce que vous êtes.

A Course in Miracles (W351; W-pI.190.5:1-6)[1]

Soulagement du symptôme et guérison

Une guérison artificielle peut sans conteste supprimer une forme de souffrance et de maladie. Mais la cause demeure, et ne restera pas sans effets.

(S16; S-3.II.1:4-5)

---

[1] Voir pages 13 et 14 pour l'explication du système de références employé.

« Cela fait trois jours et trois nuits que j'ai ce mal de tête. Pouvez-vous m'aider ? » Jeanne était la mère d'un ami et avait entendu dire que j'étais plutôt doué pour soulager les maux de tête. « J'ai consulté deux médecins, mais j'ai toujours aussi mal. Et puis, si je ne tiens pas la tête bien droite, j'ai aussi des nausées. »

A l'énoncé de ces symptômes, je me dis que là, ma simple technique de massage de la tête aurait certainement peu d'effet. Je répondis cependant que j'allais faire de mon mieux et demandai à Jeanne de s'allonger et de se détendre. Pour m'aider à me centrer et à me détendre moi-même, je posai doucement mes mains sur sa tête pendant environ une minute. Lorsque je me sentis plus centré, je commençai à lui masser le cuir chevelu. Presque immédiatement, Jeanne s'écria : « Oh ! merci, la douleur a complètement disparu ! » C'est impossible, pensai-je, je viens à peine de commencer !

Cette expérience eut un profond effet sur moi. Que se passait-il ? Je me mis à lire des ouvrages sur la guérison spirituelle et sur l'imposition des mains. C'était agréable de penser que j'avais peut-être des pouvoirs particuliers ou des énergies qui pouvaient aider les autres. Mes amis commencèrent à se tourner vers moi pour que je soulage leurs maux et leurs douleurs, et j'étais heureux d'essayer de les aider. Leur mal pouvait la plupart du temps être atténué ou éliminé.

Alors que je rendais visite à un ami, celui-ci me présenta Pierre, son colocataire. Ce dernier avait souffert toute sa vie durant de douleurs lombaires. Apprenant ce que je faisais, il sollicita une séance. Je commençai donc à travailler avec lui. Au bout d'un moment, il me dit que la douleur était sortie de la colonne vertébrale, pour venir se loger dans la fesse droite. De là, elle traversa sa jambe droite, puis finit par sortir de son corps par le pied droit. Le processus prit en tout une dizaine de minutes. Pierre ne ressentit plus aucune douleur durant le reste de la journée. Le lendemain matin, la douleur lombaire était de nouveau là, exactement comme avant.

J'ai noté ce retour des symptômes en d'autres occasions — des maux de tête, de dos et autres douleurs avaient été guéris pour un temps, puis étaient revenus. Il n'en était pas toujours ainsi mais cela se produisit assez souvent pour éveiller ma curiosité. Je pensai à ces personnes souffrant d'une douleur chronique qui peut être soulagée par une médication, mais réapparaît dès que l'effet du médicament se dissipe. Mes mains n'étaient-elles qu'une sorte d'aspirine à prendre régulièrement ? Et si tel était le cas, ne pouvais-je pas en faire davantage pour mes patients ? Pourquoi la douleur revenait-elle parfois ? A quel niveau se situait la cause du problème ? J'entrepris de lire tout ce que je pouvais trouver en matière de médecine psychosomatique.

Le lien entre l'esprit et le corps commença à revêtir une importance majeure dans ma recherche. Il y a longtemps déjà, en 500 avant Jésus-Christ, Socrate affirmait : « Il n'existe aucune maladie du corps qui ne soit liée à l'esprit. » Mon étude de la guérison spirituelle m'amena au domaine des livres inspirés. Je trouvai là de profondes sources de sagesse et d'inspiration. Je devins membre de l'Ecole Arcane, fondée par Alice A. Bailey. Plusieurs années durant, celle-ci avait reçu par télépathie des enseignements spirituels, fidèlement rapportés dans une vingtaine de volumes dont *La Guérison spirituelle*, Vol. IV du *Traité des sept rayons*, où je découvris les lignes qui suivent :

> *La règle de base sous-tendant toute guérison occulte peut être exprimée de la façon suivante : Toute maladie est le résultat d'une inhibition de la vie de l'âme, et ceci vaut pour toutes les formes*

de tous les règnes. L'art du guérisseur consiste à libérer l'âme, afin que la vie puisse circuler dans l'agrégat des organismes qui constituent toute forme donnée.[2]

Ceci fit résonner une corde en moi, dont l'écho fut renforcé par l'étude de la littérature de White Eagle, dans laquelle je trouvai l'affirmation suivante :

Quand le corps est malade, c'est que d'une façon ou d'une autre la lumière lui fait défaut. C'est en cela qu'en temps et en heure sera trouvée l'origine de toute maladie.[3]

Je sentis intuitivement que je venais de trouver la clé dont j'avais besoin pour comprendre l'origine réelle de la maladie : la condition du corps dépend de la disposition de l'esprit. Si nous l'utilisons sans amour, le corps commence à s'altérer et à se détériorer. Si nous en faisons un instrument de communication aimant, il restera en bonne santé et nous sera tout dévoué.

Je compris alors que si mes patients voulaient une guérison durable, il leur faudrait participer à la séance de guérison. Il leur faudrait être prêts à aller plus profond, au-delà de leurs symptômes physiques, et à apprendre à guérir certaines zones sombres de leur esprit, dont leur état physique n'était que le reflet. Je ne me satisfaisais plus d'offrir mes mains comme des cachets d'aspirine à administrer deux fois par semaine à mes patients jusqu'à ce qu'ils aillent bien. Ce qui semblait désormais important, c'était d'offrir une présence qui, en les soutenant sans les juger, les aiderait à changer leur façon de voir certains points de leur vie.

---

[2] Reproduit avec l'aimable permission du *Lucis Trust*.
[3] Reproduit avec l'aimable permission de *The White Eagle Lodge*.

Plus tard, j'allais me rendre compte qu'ainsi, j'essayais en fait de les aider dans leur processus de pardon.

A peu près à cette époque, je me rendis dans une communauté spirituelle internationale établie au nord de l'Ecosse : la Fondation Findhorn. Je devais y découvrir un livre qui allait transformer le cours de ma vie.

Un Cours en miracles — Découverte

Un jour, après avoir déjeuné au Centre de la Fondation, je me rendis à la Phoenix Craft and Book Shop, boutique où l'on pouvait trouver des livres et des objets d'artisanat. Dans la vitrine, étaient présentés les trois volumes d'un ouvrage qui avait pour titre *A Course in Miracles* [Un Cours en miracles][4]. Le titre ne m'attirait pas particulièrement, mais quelque chose me poussa à y regarder de plus près. Je saisis le volume le plus épais, intitulé *Text*, l'ouvris au hasard et lus un paragraphe. Si je ne garde aucun souvenir de ce que j'ai lu, je n'ai en revanche pas oublié l'effet de ces quelques phrases — comme si j'avais reçu un choc, qui grava en moi une profonde impression.

Le livre semblait sans auteur, seul le nom de l'éditeur — *The Foundation for Inner Peace, USA* — était mentionné. Le deuxième volume, moins épais, était intitulé *Workbook for Students* [Manuel de travail] et comportait 365 leçons destinées à l'application pratique dans la vie quotidienne de la théorie présentée dans le Texte. Le plus petit volume était intitulé *Manual for Teachers* [Manuel de l'enseignant] et contenait les résumés des principaux thèmes du Cours, sous forme de questions et réponses.

---

[4] Disponible par correspondance au Souffle d'Or (voir page 195). Cet ouvrage, encore non traduit en français, est un important volume nécessitant une excellente connaissance de l'anglais.

Le lendemain, je me sentis de nouveau attiré par cette vitrine et là encore, je feuilletai les trois ouvrages, lisant quelques passages au hasard des pages. Ce manège se poursuivit pendant deux semaines, jusqu'à mon retour à Londres. Le souvenir de l'impact que ce livre avait eu sur moi ne me quittait pas, et j'écrivis à la Phoenix Bookshop pour en commander un exemplaire. Je ne tardai pas à découvrir qu'il s'agissait là encore d'un livre inspiré, lequel allait profondément influencer mon approche de la guérison, pour moi-même comme pour autrui.

Un Cours en miracles — Genèse

La façon dont le Cours vit le jour illustre tout à fait les principes qui s'y trouvent exposés. En 1957, William Thetford, professeur de psychologie clinique, fut nommé Directeur du Service de Psychologie d'un centre médical de New York, le Columbia-Presbyterian Medical Center. L'année suivante, il recruta Helen Schucman, professeur de faculté en psychologie clinique, pour diriger un projet de recherche. Si, professionnellement, ils faisaient ensemble du bon travail, leurs relations personnelles et hiérarchiques étaient en revanche marquées par la critique, la colère et les reproches. Chacun voyait l'autre comme la cause de ses contrariétés.

Un jour de 1965, Bill dit à Helen qu'il devait bien exister « une autre façon » de mener leur relation, que ce soit sur le plan personnel ou professionnel. Helen acquiesça et répondit qu'elle l'aiderait à trouver cette « autre façon ». Nous voyons là un exemple de ce que le Cours appelle un « instant sacré », instant où, au lieu de s'en tenir à ses griefs, l'on choisit plutôt le pardon. Cette bascule de la perception est ce que le Cours appelle un miracle.

C'est à ce moment de jonction entre eux que naquit le Cours. Helen fut bientôt l'objet de rêves, visions et expériences psychiques qui perturbèrent énormément son esprit scientifique logique et rationnel. Bill lui apporta tout son soutien et fit en sorte de la convaincre qu'elle n'était pas en train de devenir folle.

Un soir d'octobre 1965, Helen « entendit » une voix intérieure annoncer : « Ceci est un Cours en miracles. Veuillez prendre des notes. » Au comble du désespoir, elle téléphona à Bill qui s'efforça de la calmer, puis lui suggéra de se plier à cette dictée intérieure et d'en apporter le texte au bureau le lendemain. Ils pourraient ainsi en juger ensemble, expliqua-t-il à Helen, et si c'étaient des bêtises, il leur suffirait de jeter le papier à la poubelle et personne n'en saurait jamais rien.

Cependant, il devint très rapidement évident que le Cours contenait des enseignements d'une grande profondeur et qu'ils ne s'en tireraient pas à si bon compte. Durant les sept années qui suivirent, Helen continua de recevoir cette dictée intérieure, qu'elle prenait en sténo. C'était, disait-elle, comme si elle avait dans sa tête un magnétophone qu'elle pouvait mettre en route et arrêter à volonté, même au milieu d'une phrase. Bill continuait de soutenir et d'encourager Helen et chaque jour, tapait à la machine le texte qu'Helen lui lisait à partir du carnet où elle prenait ses notes en sténo.

Le Cours venait de Jésus et était en grande partie énoncé à la première personne. On y trouve plusieurs références à sa vie, il y a de cela 2000 ans, notamment en ce qui concerne sa crucifixion, qu'il décrit sous une lumière fort différente de ce que l'on nous a appris à croire. Pour Helen, ce fut un grand choc de découvrir qui était à l'origine de ce texte. A cette époque de sa vie, elle se posait en athée. Elle avait essayé de trouver Dieu dans sa jeunesse, mais sans succès. Elle en avait conservé de la colère contre ce dieu qui, pensait-elle, n'avait pas fait le même effort vis-à-vis d'elle. Ses sentiments ambivalents à l'encontre de Dieu s'étendaient maintenant à Jésus, avec qui elle conserva jusqu'à la fin de ses jours une relation où se mêlaient l'amour et la haine. Dans le Cours, Jésus déclare qu'il comprend que beaucoup d'entre nous éprouvent des difficultés dans leur relation avec lui et que nous n'avons pas besoin de croire qu'il est l'auteur du Cours pour tirer profit de ses paroles (M84 ; C-5.6).

Le Cours a été publié tel qu'il a été reçu, exceptés les passages personnels concernant Helen et Bill. Le texte avait été reçu tout d'une pièce et demandait à être mis en forme ; il fallait insérer des titres de chapitres et de sections, mettre la ponctuation, créer des paragraphes, ajouter des majuscules. Helen et Bill furent aidés dans ce travail par un autre psychologue clinique, le Dr Kenneth Wapnick. Ken raconte comment *A Course in Miracles* est né et nous livre cette histoire fascinante dans son ouvrage *Absence from Felicity — The Story of Helen Schucman and Her Scribing of A Course in Miracles*, publié par la *Foundation for A Course in Miracles*[5]. Bill considérait ce travail avec Helen comme un « dépôt sacré ». Le Cours était la réponse à leur besoin conjoint de trouver « une autre façon » de vivre leur relation.

Deux autres ouvrages inspirés, disons plutôt des opuscules, furent dictés par Jésus à Helen. Le premier fut achevé en 1975, trois ans après l'écriture du Cours. Intitulé *Psychotherapy : Purpose, Process and Practice* [Psychothérapie : objet, processus et pratique], ce livret résume les enseignements du Cours sur la guérison dans l'exercice de la profession de psychothérapeute. Puis en 1977, en réponse aux questions de Ken sur le

---

[5] Voir pages 191 et 195 pour des précisions sur les livres du Dr Kenneth Wapnick traitant du Cours et sur la *Foundation for A Course in Miracles*, qu'il dirige avec son épouse Gloria.

bon usage de la prière, Helen reçut *The Song of Prayer*, précis poétique sur la prière, le pardon et la guérison.

Après la mort d'Helen, en 1981, un livre reprenant ses poèmes inspirés fut publié sous le titre *The Gifts of God*.

Un Cours en miracles — Présentation

Une grande partie du présent ouvrage repose sur ma compréhension de certains des principes du Cours. En voici donc, pour ceux qui ne le connaissent pas, une rapide présentation.

Ce livre, *A Course in Miracles*, explique comment guérir notre esprit, car là est la source de toute notre souffrance physique et psychologique. Le Cours a pour objectif de nous faire atteindre la paix intérieure, une joie sereine, quoi que nous fassions, quelles que soient les personnes avec lesquelles nous nous trouvons, où que nous soyons. Pour ce faire, il nous enseigne une nouvelle façon de regarder le monde. Cette conversion de notre perception est le miracle — d'où le titre, *Un Cours en miracles*.

Le Cours nous enseigne que toute chose en ce monde peut être utilisée comme un miroir pour nous renvoyer nos croyances. De tous nos miroirs, les plus puissants sont nos relations. Par relations, j'entends toutes les formes possibles : relation de couple, parent-enfant, thérapeute-patient, employeur-employé, d'amitié, etc. Une relation constitue un moyen extrêmement puissant pour porter à notre conscience ce qui a besoin d'être guéri dans notre esprit. Le Cours enseigne que par le pardon et en nous tournant à l'intérieur de nous-même pour trouver de l'aide, nous pouvons défaire toute la culpabilité que nous portons en nous. Cette culpabilité provient d'une fausse croyance enracinée dans notre inconscient : nous aurions voulu nous séparer de Dieu, et y serions parvenu. Ce thème sera plus longuement exploré dans le Chapitre 1. Dans le Cours, le terme « culpabilité » est employé pour signifier notre haine de nous-même, nos sentiments d'infériorité, le peu d'estime que nous nous portons — bref, toutes les croyances négatives que nous nourrissons à notre égard. Au fur et à mesure que nous apprenons à dénouer notre culpabilité, le souvenir de l'amour que Dieu nous porte nous revient à l'esprit. Quand nous ressentons de nouveau l'amour inconditionnel de Dieu, il n'est pas une chose au monde qui conserve son attrait, y compris notre identification au corps. (Figure 1 ci-contre)

Le Cours est un mélange unique de psychologie moderne, de métaphysique radicale et de profondes vérités spirituelles. Pour ce qui est de la psychologie, les idées exposées découlent pour l'essentiel des préceptes de Sigmund Freud sur nos mécanismes de défense du moi, mécanismes de déni et de projection qui seront présentés de façon plus détaillée dans le Chapitre 2. Les trois volumes constituant le Cours représentent une étude de toute une vie, à lire et relire de nombreuses fois pour bénéficier de la profondeur de ses enseignements. Les passages métaphysiques offrent quant à eux de nombreux parallèles avec certaines philosophies et religions orientales[6]. On trouve aussi plus de 700 références à la Bible, et Jésus réinterprète souvent ces paroles bibliques. De nombreux termes chrétiens sont employés dans le Cours, mais dans un sens totalement différent. Nous ne sommes pas des créatures coupables et pécheresses devant se racheter par le sacrifice et la souffrance, insiste Jésus qui nous livre bien au contraire un

---

[6] Voir *Be As You Are — The Teachings of Sri Ramana Maharshi*, David Goldman, Arkana Publications. (Paru en français aux éditions Jean Maisonneuve sous le titre *Sois ce que tu es — Les enseignements de Sri Ramana Maharshi*, N.d.T.)

> **"Le monde que je vois ne contient pas
> ce que je recherche."**
> (Titre de la leçon 128)

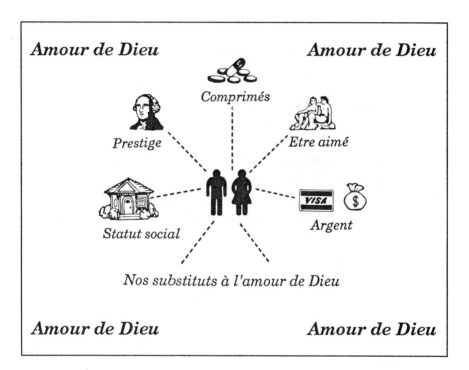

Amour de Dieu   **Amour de Dieu**

Comprimés

Prestige   *Etre aimé*

Statut social   *Argent*

Nos substituts à l'amour de Dieu

Amour de Dieu   **Amour de Dieu**

Dans ce monde, vous allez tout chercher pour vous nourrir, sauf Dieu. Vous placez votre foi dans les symboles les plus triviaux et les plus insensés — pilules de toutes sortes, argent, vêtements "de protection", influence, prestige, être aimé, connaître les "bonnes" personnes, et une liste sans fin de formes de néant auxquelles vous attribuez des pouvoirs magiques. Toutes ces choses sont vos substituts à l'Amour de Dieu. Toutes ces choses sont chéries afin d'assurer une identification au corps. Ce sont les chants de louanges au moi. Ne placez pas votre foi dans ce qui n'a pas de valeur. Cela ne vous nourrira pas. Seul l'Amour de Dieu vous protégera en toutes circonstances.   W79; W-PI.50.1:2-3, 2, 3:1

Figure 1

message inspirant : nous sommes les innocentes et pures créations de Dieu, qui se sont endormies aux cieux. Dans notre rêve collectif, nous avons oublié l'éternelle beauté abstraite de notre vraie nature et croyons que nous sommes un corps dans un monde de formes.

Le Cours ne cherche pas à nous convaincre qu'il représente le seul et unique chemin ; il ne s'agit là, y est-il précisé, que d'une voie spirituelle parmi de « nombreux milliers » d'autres, et d'autres maîtres employant d'autres symboles sont tout autant nécessaires (M3; M-1.4:1-2). Jésus dit souvent que le message de son Cours est simple. En règle générale, nous sommes cependant loin de partager ce sentiment lorsque nous nous y plongeons pour la première fois. Ceci tient à ce que le système de pensée exposé dans le Cours est diamétralement opposé à la façon dont notre ego regarde le monde. Le Cours emploie le terme « ego » — comme il est aussi de coutume en Orient — pour signifier notre « petit moi », ce moi que nous avons poussé à prendre la place de notre vrai Soi créé par Dieu. Notre ego s'identifie à notre corps alors que notre Soi (ou nature christique) ne connaît que la vérité de notre splendeur spirituelle sans forme.

Jésus souligne que tous les enfants de Dieu, dénommés dans le Cours le Fils, la Nature du Fils ou Christ, ont été créés égaux. Ainsi, Jésus n'a fait l'objet d'aucune faveur particulière de la part de Dieu, il est l'égal de chacun d'entre nous. Il s'est simplement éveillé devant nous à sa vraie réalité et cherche à nous aider à retrouver ce que nous avons oublié. Certains enseignements du Cours, notamment ceux qui ont trait à la guérison de notre esprit, seront étudiés plus longuement dans les chapitres qui suivent.

Le premier volume (*Text*) semble plus particulièrement difficile à saisir et la pratique du pardon, tout aussi ardue. Certains ont de ce fait tendance à ne lire que le Manuel de travail (*Workbook*). Le Texte est pourtant très riche, notamment pour ce qui touche aux relations, et présente des données qui ne figurent pas dans le Manuel de travail. Le Texte constitue le fondement théorique du Manuel de travail. Il devient très aisé de mal interpréter le Manuel si l'on ne connaît pas le cadre théorique du Cours présenté dans le Texte. Inversement, étudier le Texte sans le mettre en pratique conformément aux leçons du Manuel de travail, donnera une vision du Cours abstraite et superficielle. Au fil du temps, le message finit par devenir simple, encore que pas toujours facile à appliquer. En effet, la conscience de victime est imprimée dans notre psyché et l'inclination à rejeter sur autrui la responsabilité de notre souffrance est universelle. Cependant personne, hormis nous-même, ne peut nous ôter notre paix, nous dit le Cours (Cf. première citation page 19). Il s'agit là d'un message difficile à accepter, mais qui à terme nous conduira au bonheur.

La santé est la Paix Intérieure (...) La santé résulte de l'abandon de toute velléité d'utiliser le corps sans amour.
(T15; T-2.I.5:11 - T146; T-8.VIII.9:9)

Durant l'année qui suivit mon premier séjour, je me rendis de nouveau à la fondation Findhorn pour animer un atelier sur la guérison. Pendant cette période, je dis « Oui » à un travail plus profond sur la guérison. Tel était le chemin que j'avais choisi pour aider à me guérir moi-même — mais cela, je ne m'en rendis compte que beaucoup plus tard. La plupart des personnes présentes à la Fondation estimaient que leur façon de penser avait au moins pour effet de contribuer à leur maladie. Ceci me permit d'aider mes patients à atteindre des niveaux plus profonds de leur esprit où le pardon faisait défaut, leur donnant ainsi l'occasion de modifier leur vision de quelque sujet douloureux. Quand l'un de mes patients pouvait accomplir le pardon, son sentiment de culpabilité disparaissait et avec lui, l'ombre que cette culpabilité projetait dans son corps, c'est-à-dire la maladie. En voici une illustration.

Jean avait demandé à me voir pour une douleur chronique qu'il ressentait à la base du cou. De formation scientifique, il était plutôt sceptique sur ce type de méthode. Cette douleur était apparue quelques mois auparavant et son hôpital lui avait conseillé une physiothérapie de longue durée. J'expliquai à Jean qu'il y avait une partie de son esprit qui connaissait la cause exacte de son problème, et lui dis que pour l'aider à y accéder, j'allais l'amener à se détendre puis essayer divers moyens susceptibles de l'aider à oublier son esprit rationnel et à s'ouvrir à sa sagesse intérieure.

Je lui demandai donc de s'allonger et disposai des coussins et une couverture pour qu'il soit bien à l'aise. Suivant une méthode de relaxation progressive, je lui demandai de tour à tour contracter puis détendre tous les muscles de son corps. Pendant ce temps, je gardai mes mains légèrement posées sur sa tête car ceci me permet de m'unir au patient tout en l'aidant à se décontracter. Je demandai à Jean de dire une prière dans laquelle il se déclarerait prêt à recevoir l'aide toujours présente en lui, puis demanderait quelles pensées devaient être modifiées afin de susciter la guérison. Lors de notre entretien préalable, j'avais découvert qu'il était ouvert à un travail faisant appel à la prière. Je m'associai à sa prière silencieuse, demandant quant à moi de pouvoir m'ouvrir à ma propre source d'aide et servir de canal dans cette séance de guérison.

Nous restâmes silencieux quelques minutes, mes mains toujours posées sur sa tête. Puis je demandai à Jean comment il se sentait et s'il se passait quelque chose. Le visage de sa tante lui était apparu, me répondit-il, et lui avait adressé les paroles suivantes : « Cette douleur dans ton cou est le châtiment que tu t'infliges pour ce que tu as fait. » Cette phrase n'avait pas été prononcée d'un ton accusateur, me dit Jean, mais comme une simple constatation. Jean n'avait cependant aucune idée de ce que cela pouvait bien vouloir dire, et nous décidâmes de laisser ce message de côté dans un premier temps. Bien que Jean m'ait affirmé avec vigueur posséder un esprit très scientifique et une nature rationnelle et logique, je sentis qu'il était également doté d'une forte intuition. Je me sentis poussé à essayer une procédure de visualisation, sous la forme d'une promenade guidée qui l'aiderait à contacter sa propre source de sagesse intérieure.

Je commençai donc en lui demandant de se visualiser en train de marcher sur un chemin de campagne par un jour d'été. Pour l'inciter à ressentir tous ses sens, je lui demandai de sentir le chemin sous ses pieds, de respirer le parfum des fleurs, d'entendre les sons de la nature, d'observer le ciel et ce qui se trouvait autour de lui. Il entrait ainsi de plus en plus dans son monde intérieur, ce qui desserrait l'emprise de son esprit rationnel. Je continuai de le guider dans cette promenade, marquant parfois une pause afin de lui permettre de mieux examiner ce qu'il percevait.

Ce parcours avait pour objectif de relier Jean à quelque forme symbolique de sa sagesse intérieure, ou soi supérieur — ce que le Cours dénomme l'Esprit Saint. La randonnée guidée n'allait cependant pas tarder à prendre brusquement fin. Tandis que je pensais le mener au travers d'une vaste forêt, il déclara, avec une certaine irritation, qu'il avait par quatre fois

déjà cherché à pénétrer dans cette forêt, mais que
cela lui était impossible. Chaque fois qu'il essayait, les
arbres se transformaient en une brume blanche et la
forêt disparaissait.

Dans mes séances de guérison, je travaille avec
plusieurs maximes, dont celle-ci : « Tout ce à quoi vous
résistez, persiste — Tout ce que vous acceptez est porteur de guérison. » Je dis donc à Jean d'accepter cette
brume, de demander de l'aide et d'y entrer. Une fois
dans la brume, une cellule humaine lui apparut, en-
tourée d'un halo violet. Sa formation scientifique lui
permit non seulement de reconnaître qu'il s'agissait
d'une cellule humaine, mais qu'elle était de surcroît
cancéreuse. Tout à coup, le souvenir de sa mère mou-
rante lui revint, accompagné de puissants sentiments
de honte et de culpabilité. Il s'était senti incapable de
faire face à cette situation, me dit-il, et avait confié sa
mère aux soins de sa tante — celle-là même qui était
apparue au début de la séance.

Jean se mit à verser les larmes qui n'étaient pas
venues au temps de la maladie de sa mère. Il découvrit
qu'il avait occulté toute la honte et toute la culpabilité
liées à cette période de sa vie et qu'il avait maintenant
besoin d'être pardonné. Je l'incitai à « inviter » sa mère
à venir partager cette séance et à lui exprimer toutes
les choses qu'il avait besoin de dire. Je dis à Jean
d'imaginer que sa mère se trouvait vraiment là dans la
pièce et de lui parler à voix haute. Quand il eut ter-
miné, je lui demandai d'écouter ce que sa mère voulait
lui dire et de répéter ses paroles à voix haute. Jean
avait ainsi la possibilité de partager avec sa mère ses
sentiments enfouis et de se pardonner ses actes passés.

Puis, après lui avoir demandé s'il pensait que son
expérience était terminée, j'invitai Jean à ramener sa
conscience à la pièce où nous nous trouvions. Il déclara
que sa douleur au cou s'était nettement améliorée,

ajoutant que maintenant il comprenait la signification des paroles de sa tante. Sa mère était morte d'un cancer situé à la base du cou et Jean avait le sentiment que sa culpabilité occultée se reflétait dans sa propre douleur physique, située au même endroit.

Environ quatre jours plus tard, juste avant que Jean ne quitte Findhorn, je lui demandai des nouvelles de son cou. L'amélioration s'était maintenue, me dit-il. Nous avions tous deux vécu un exemple très puissant montrant à la fois comment la culpabilité qui imprègne notre esprit se reflète dans notre physique, et comment le pardon a le pouvoir de dissoudre et cette culpabilité, et la douleur physique qui en découle.

Cette histoire vécue est la première, parmi quelques autres, à illustrer le pouvoir du pardon. Naturellement, j'ai choisi des exemples aboutissant à une guérison, afin de montrer ce qui peut se produire lorsque patient et thérapeute travaillent à l'unisson. J'ai connu bien évidemment de nombreux cas où les séances n'ont eu que peu d'effet, voire aucun. La résistance de notre ego envers le processus de guérison sera étudiée ultérieurement, ainsi que le thème du thérapeute lui-même guéri ou non guéri.

Je commençais donc à comprendre plus clairement que seul l'esprit a besoin d'être guéri, et non le corps. Si l'esprit pouvait retrouver la paix par le pardon, alors il y aurait guérison. J'expliquerai plus longuement ce que l'on entend par « pardon » dans le Chapitre 5. Même si les symptômes physiques persistent après que soit survenu le pardon, la guérison a bien eu lieu si l'enjeu est la paix de l'esprit.

C'est alors, revenant en arrière et considérant l'époque où je commençais à pratiquer la guérison par l'imposition des mains, que je me demandai ce qui se passait réellement. J'allais bientôt lire dans le Cours les phrases suivantes :

Ce ne sont pas leurs mains qui guérissent. Ce n'est pas leur voix qui prononce la parole de Dieu. Ils ne font que donner ce qui leur a été donné.

(M.18; M-5.III.2:8-10)

et, comme il a déjà été mentionné :

Une guérison artificielle peut sans conteste supprimer une forme de souffrance et de maladie. Mais la cause demeure, et ne restera pas sans effets.

(S16; S-3.II.1:4-5)

Je voyais désormais que l'usage de mes mains n'était qu'une forme qui m'aidait à m'unir au patient. S'unir à autrui, c'est rompre la notion de séparation entretenue par l'ego et permettre à l'amour de Dieu de refaire surface dans notre conscience. C'est cet amour qui efface la culpabilité tapie dans l'esprit du patient et qui permet à la guérison de s'accomplir. Ma fonction de guérisseur[7] consistait donc à me départir de tout jugement et toute critique à l'égard de mon patient, afin que l'amour guérissant de Dieu puisse s'étendre de mon esprit au sien. La présence de cet amour et de cette lumière donnera au patient une opportunité de modifier son esprit et de pardonner le passé. La guérison d'autrui sera traitée au Chapitre 6.

La gageure, dans chaque séance de guérison, consiste à atteindre un espace de paix, centré et exempt de tout jugement, et à ne pas se projeter dans son résultat. Au fil des ans, des guérisons impromptues m'ont prouvé le pouvoir de cette attitude, comme par exemple celle de cette amie qui avait mal aux genoux.

---

[7] Le terme guérisseur, traduction du mot anglais *healer*, doit s'entendre ici sans la connotation restrictive ou péjorative qui lui est généralement attachée en français. (N.d.T.)

Cela avait commencé deux ou trois jours plus tôt, alors qu'elle regardait la télévision. Le programme lui avait fait peur et lorsqu'elle s'était levée de son fauteuil, ses deux genoux étaient douloureux. Me rencontrant dans le couloir, elle m'arrêta et sollicita une séance. J'eus l'intuition que je devais la voir immédiatement. Lui posant la main sur l'épaule, je lui répondis que nous pouvions avoir une séance tout de suite, si cela lui convenait. « Ce n'est plus la peine, s'exclama-t-elle, la douleur vient juste de disparaître ! »

Il n'y avait eu de ma part aucune intention de la guérir en cet instant précis, et ceci éveilla ma curiosité. Lorsque j'analysai cet épisode ainsi que d'autres cas de guérisons spontanées, je me souvins que je me trouvais alors dans un espace de paix, de joie et d'accueil. Lorsque nous sommes capable de mettre temporairement notre ego de côté, il n'existe plus aucune barrière à la présence de l'amour de Dieu dans notre esprit. L'amour guérissant de Dieu est alors libre de s'écouler spontanément dans l'esprit de l'autre personne, lui donnant l'opportunité de modifier sa vision de la culpabilité qui l'habite. Lorsque nous nous trouvons dans un état de joie et d'accueil, nous lui transmettons un autre message sur elle, bien différent de ce que lui dit son ego. Nous témoignons qu'elle n'est pas cette personne mauvaise et coupable qu'elle croit être, et lui permettons ainsi de se voir sous un autre jour. La bascule de perception, le miracle, lui permet de se pardonner, faisant disparaître sa culpabilité et avec elle, les symptômes physiques qu'elle avait suscités.

(...) la maladie procède de l'esprit, et n'a rien à voir avec le corps.

(M17; M-5.II.3:2)

Tous mes patients sans exception ont, et ne peuvent qu'avoir, une résistance vis-à-vis de leur guérison. En premier lieu, se trouve quelque part dans notre esprit la décision de tomber malade, car nous croyons que la maladie nous apporte des avantages. En second lieu, nous n'avons aucune envie de perdre ces avantages et ne voyons donc aucun intérêt à être guéri. Ainsi, le patient nourrit en règle générale des sentiments très ambigus, bien que souvent inconscients, à l'égard du thérapeute et de la séance de guérison. Le livret *Psychotherapy : Purpose, Process and Practice* explique clairement ce point :

> *Le thérapeute est considéré comme celui qui attaque le bien le plus cher du patient : son image de lui-même. Cette image étant devenue, aux yeux du patient, le garant de sa sécurité, le thérapeute ne peut qu'être vu comme une réelle source de danger qui doit être attaquée, voire tuée. Le psychothérapeute porte donc une énorme responsabilité. Il doit faire face à l'attaque sans la combattre, et donc sans se défendre. C'est à lui qu'il incombe de démontrer que les défenses ne sont pas nécessaires et que la force, c'est précisément l'absence de défenses.*
>
> (P9; P-2.IV.9:5-6. 10:1-3)

David participait à un atelier de deux semaines que j'animais à la Fondation Findhorn. Au cours de la première semaine, il prit conscience de l'existence d'une haine envers lui-même. Il sentait que cette haine était « localisée » au niveau du plexus solaire et qu'elle prenait origine dans l'abus sexuel que lui avait fait subir son oncle, à l'âge de dix ans. Avant cet atelier, il n'avait jamais perçu qu'à la suite de cet événement, il s'était reproché ce qui était arrivé et avait refoulé ses sentiments de culpabilité. Il fut très perturbé par cette prise de conscience et à la fin de la première semaine de l'atelier, il contracta de l'asthme et une infection pulmonaire. David avait honte de ses souvenirs, ne voulait explorer la question avec personne et envisagea même de partir. Il consulta le médecin local qui lui prescrivit des antibiotiques.

Au début de la seconde semaine, David vint me demander une séance privée. Après une période de relaxation et d'imposition des mains, je décidai de tenter de lui faire explorer et accepter la haine qu'il ressentait au niveau du plexus solaire. Selon le Cours (T159; T-9.V.3:1) : « Il est fructueux d'amener les cauchemars à la conscience, mais seulement pour enseigner qu'ils ne sont pas réels, et que tout ce qu'ils peuvent bien contenir est vide de sens. » Si David pouvait lever le voile sur ses « cauchemars », regarder cette haine de lui-même et sa culpabilité sans les juger, il aurait alors la possibilité de considérer différemment ses apparents « péchés » du passé. Mon propre état d'acceptation et de non-jugement, que je sentis monter en moi tandis que je le guidais délicatement dans cette exploration, allait aussi favoriser ce processus.

Pour l'aider à dénouer son état de refoulement — ce que le Cours appelle « déni » — je lui demandai d'explorer la sensation dans son plexus solaire. Mon expérience m'avait appris que les messages importants sont enfermés dans nos points douloureux. Je lui demandai de définir l'étendue de la zone douloureuse, de décrire sa forme et sa profondeur, sa couleur, sa texture, et si elle semblait plus chaude ou plus froide que le reste de son corps. Je poussais ainsi David à rompre son déni de lui-même, car il est impossible de résister et d'explorer la douleur en même temps. Dans cette approche, les patients décrivent en fait les « habits du messager » qui peut les conduire à des niveaux plus profonds de leur esprit, là où ils pourront trouver leurs « cauchemars ».

David découvrit une boule rouge et dure au niveau de son plexus solaire. Je demandai à ce « messager » ce qu'il ressentait ; il est en colère, répondit David chez qui cette découverte suscitait une forte résistance. Il ne pouvait accepter cette chose dans son corps et détestait qu'elle se trouve là. C'était un objet étranger, dit-il, qu'il fallait combattre et jeter dehors. Percevant un profond ressentiment de sa part envers cette partie de son corps, je rentrai en moi-même et demandai de l'aide : que devais-je dire, ou faire ? La réponse vint : il me fallait lui demander en quoi cette boule rouge, dure, en colère, l'avait servi toutes ces années. N'était-ce pas après tout sa propre création, à laquelle de surcroît il s'accrochait avec une grande détermination ? Comme je pouvais m'y attendre, il s'opposa fortement à ma question et répéta qu'il ne voulait pas de cette boule à l'intérieur de lui. Je me sentis guidé à lui faire poursuivre doucement l'exploration de ce point, sans aucun investissement de ma part, sans essayer d'amener en lui les changements que j'aurais pu juger nécessaires.

Lentement, David commença à entrevoir comment cette boule de haine le servait. Il se rendit compte qu'il l'avait créée pour se protéger de sa peur d'ouvrir son cœur à autrui et d'agir plus spontanément dans la vie. Il se vit comme une personne dominée par son esprit et régie par de rigides schémas de censure. Se départir de cette haine et de cette culpabilité, c'était se libérer pour se relier de façon plus ouverte et plus aimante avec autrui. Cette opportunité lui était maintenant offerte. Il entendait deux voix le conseiller : l'ego et l'Esprit Saint. Son ego lui disait qu'il serait très dangereux d'abandonner ses schémas de censure, car il ne serait plus en mesure de prévoir comment les gens se comporteraient avec lui s'il se reliait davantage avec le cœur qu'avec la tête.

La partie Esprit Saint de son esprit lui recommandait l'inverse. Il n'avait rien à perdre, sinon l'illusion d'un sacrifice. Cette nouvelle façon de se relier lui apporterait une joie et une énergie encore inconnues. David pouvait aussi ressentir une part refoulée de lui-même qu'il appelait « le joker », et avait l'impression que ce serait amusant de laisser sortir ce joker. Tandis qu'il se débattait entre ces deux voix, je lui demandai s'il voulait bien essayer de voir s'il pouvait donner congé à sa boule rouge en colère. Je le rassurai en lui disant que cela n'était pas grave s'il n'y parvenait pas, mais qu'il ne risquait rien d'essayer. Je lui suggérai de visualiser deux mains dorées aimantes, pleines de douceur, tendues devant lui, attendant de recevoir en présent sa boule rouge en colère. Le cadeau qu'attendaient ces mains, lui dis-je, n'était pas son amour, mais sa douleur. Ces mains ne souhaitaient qu'une seule chose : « (...) lever les barrières l'empêchant d'avoir conscience de la présence de l'amour » en lui (Intro, Text). David décida de remettre sa douleur entre ces mains. Il se mit alors à rire et à pleurer en même temps. Il se sentit devenir léger et une puissante énergie s'engouffra dans son corps, à tel point qu'à l'issue de la séance, il sortit pour courir et littéralement faire des bonds dans les bois voisins. Après avoir été sur le point de quitter l'atelier, il était maintenant heureux d'être là et resta jusqu'à la fin.

Le Cours répertorie un certain nombre de raisons qui nous font choisir la maladie, que nous explorerons au cours du Chapitre 3. Nous ne sommes généralement pas conscient de ces décisions, car notre ego nie immédiatement les avoir prises. Nous passons ainsi pour une victime innocente de circonstances qui nous échappent. Nous nous disons que notre corps est malade et que c'est lui qu'il faut guérir, oubliant que l'origine réelle de la maladie se situe dans notre esprit.

Chacun en ce monde semble rencontrer des problè-
mes qui lui sont bien particuliers. Il s'agit pourtant
toujours du même, et celui-ci doit être reconnu
comme tel avant de pouvoir adhérer à la seule
solution apte à résoudre tous ces ennuis. (...) Vouloir
continuer à voir des problèmes multiples là où il
n'en existe qu'un seul, c'est vouloir maintenir le
problème de la séparation (de Dieu) non résolu. (...)
Si vous pouviez reconnaître que quelle que soit la
forme qu'il revête, votre seul problème réside dans la
séparation, vous accepteriez la solution car vous
verriez son bien-fondé.

Extrait de *A Course in Miracles*
(W139; W-pI.79.2:1-2, 4:1, 6:2)

Chapitre 1

UN SEUL PROBLÈME,
UNE SEULE SOLUTION

Ce chapitre résume quelques-uns des enseignements du Cours sur la nature de la réalité. Ceux-ci revêtent une importance primordiale, car ils vont nous permettre de comprendre que toutes nos expériences sans exception ont une origine mentale. Nous vivons en effet dans un univers mental, et non pas physique, et tout y est une idée. En modifiant notre esprit, nous pouvons transformer notre perception du monde, de notre corps, de la maladie et de la souffrance, et atteindre un état de paix et de joie intérieures.

Les idées qui vont être exposées peuvent paraître fantasques, voire choquantes. Il est cependant capital de saisir ces principes pour parvenir à comprendre la cause de la maladie. J'ai moi-même éprouvé de grandes difficultés lorsque j'ai commencé à étudier la métaphysique du Cours. En fait, je ne faisais qu'écouter mon ego et refusais tout simplement de voir cette métaphysique, quand bien même cela faisait à peu près six ans que je lisais et relisais le Cours !

Il fallut que Ken et Gloria Wapnick viennent animer un atelier à la Fondation Findhorn pour que je regarde enfin sérieusement la peur que cette question suscitait en moi. Au cours de ce week-end, Ken me demanda qui, à mon avis, était le créateur de l'univers physique. Comme la plupart d'entre nous, j'entretenais l'image rassurante d'un dieu paternel et bon qui avait créé l'univers et veillait sur tout, y compris moi-même. Mais lorsque je commençai à me pencher sur cet aspect du Cours, une tout autre image apparut. Je finis par découvrir que la métaphysique du Cours était au cœur de ses enseignements et qu'il s'agissait là d'un merveilleux message d'espoir. J'y trouvai une clé qui m'aida à comprendre la cause de notre souffrance et à voir où doit avoir lieu la guérison véritable.

Le Cours nous enseigne que « ce monde dans lequel il vous semble vivre n'est pas votre vraie maison » (W331; W-pI.182.1:1). Notre réalité ne se situe pas dans ce monde de la forme inscrit dans les limites du temps et de l'espace, où nous connaissons la séparation, les limites, l'imperfection et la mort. Ce que Dieu a créé est à Son image — parfait, éternel, sans limites, sans forme et immuable. Telle est notre véritable identité et celle-ci ne peut être altérée par ce que nous faisons. Nous sommes des idées dans l'Esprit de Dieu et avons été créés parfaits pour l'éternité :

> *Père, j'ai été créé dans Ton Esprit, Pensée sainte qui n'a jamais quitté son foyer. Je suis à jamais Ton Effet, et tu es à jamais ma Cause. Tel que Tu m'as créé je demeure. Là où Tu m'as établi je demeure. Et tous Tes attributs demeurent en moi, car c'est Ta Volonté d'avoir un Fils si semblable à sa Cause que la Cause et Son Effet ne font qu'Un.*
>
> (W454; W-pII.326.1:1-5)

Le Ciel est notre vraie maison, notre vraie fonction étant de co-créer avec Dieu. Le Ciel n'est pas un lieu mais un état d'unité parfaite entre Dieu et sa création — le Christ ou Fils de Dieu :

Le Ciel n'est ni un lieu ni une condition. C'est uniquement la conscience d'une unité parfaite, et la connaissance qu'il n'existe rien d'autre.

(T359; T-18.VI.1:5-6)

Le Ciel ne peut être décrit par le langage, car les mots appartiennent au monde de la forme. Le Ciel ne peut être connu dans ce monde que dans la Révélation, c'est-à-dire une expérience mystique. Dans ce monde, nous apprenons par nos sens ; il n'existe en revanche aucun apprentissage au Ciel, car tout nous a été donné au moment de notre création. Il faut du temps pour apprendre, or le temps n'existe pas au Ciel.

Mais alors, vous demandez-vous peut-être, si la perfection abstraite est notre vrai foyer, que faisons-nous donc dans ce monde imparfait de la forme ? C'est une bonne question. Mais elle présuppose que nous sommes réellement là et que la séparation d'avec Dieu est un fait. Le Cours, lui, dit que nous nous sommes endormi dans le Ciel et que nous rêvons cet état séparé.

Votre demeure n'est pas ce monde, mais l'éternité. Vous ne faites que voyager en rêve, sans quitter la sécurité de votre maison.

(T240; T-13.VII.17:6-7)

Vous êtes chez vous en Dieu, rêvant l'exil mais pleinement capable de vous éveiller à la réalité.

(T169; T-10.I.2:1)

Ainsi toute notre vie se passe en rêves. Quand nous nous réveillons le matin, nous continuons de rêver, mais sous d'autres formes. Notre rêve éveillé nous paraît bien réel et le Cours ne nous demande pas de renier ce que nous croyons. Cependant, par la pratique du pardon, nous pouvons commencer à dissoudre notre croyance en la séparation et amorcer le processus de réveil jusqu'à ce qu'enfin, la conscience du Ciel nous revienne.

L'ego est une pensée que nous avons créée dans notre esprit. L'ego est l'idée qu'il est possible de se séparer de Dieu.

> *Dans l'éternité, où tout est un, s'insinua furtivement une petite idée folle, à laquelle le Fils de Dieu oublia de rire.*
>
> (T544; T-27.VIII.6:2)

Cette idée qu'il pourrait exister quelque chose hors de la parfaite unité du Ciel et que nous pourrions destituer Dieu de son rôle, est impossible à concrétiser. Mais il est possible de rêver que nous y sommes parvenu — et c'est ce que nous avons fait. Notre univers est devenu le terrain de jeux où l'ego peut s'imaginer être Dieu. Notre véritable fonction de co-création avec Dieu a été remplacée par la fausse création de notre ego. Cet univers n'est pas de nature physique, mais une idée dans l'esprit du Fils de Dieu endormi. Et les idées, on peut en changer !

> *Le monde que vous voyez est une illusion de monde. Il n'a pas été créé par Dieu car ce qu'Il crée ne peut être qu'éternel, comme Lui-même. Or rien de ce que vous voyez dans ce monde ne durera à jamais. Certaines choses se prolongeront un peu plus dans le temps que d'autres. Mais le jour viendra où toutes les choses visibles auront une fin.*
>
> (M81; C-4.1:1-5)

La Figure 1.1 ci-contre peut aider à comprendre ce concept.

La projection crée la perception
— Comment se fabrique un monde —

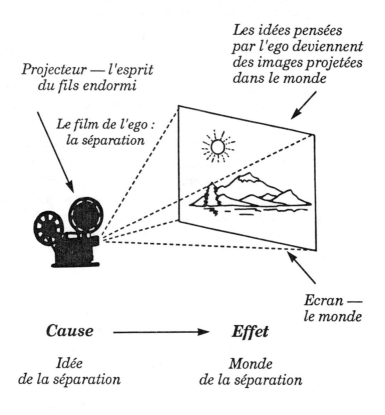

Figure 1.1

Ce que je vois est la réflexion d'un processus mental, qui prend naissance avec mon idée de ce que je veux. A partir de là, l'esprit élabore une image de ce que l'esprit désire, juge précieux et par conséquent recherche. Ces images sont ensuite projetées à l'extérieur, regardées, jugées réelles et préservées comme la prunelle de nos yeux. De désirs insensés naît un monde insensé. Du jugement naît un monde condamné.   W454; W-pII.325.1:1-5

Figure 1.1

Pour des raisons qu'il nous est impossible de comprendre, une partie de l'esprit de Christ s'est endormie et a rêvé qu'il s'était séparé de Dieu. L'esprit du Fils est analogue à un projecteur que l'on aurait chargé avec la bobine d'un film mettant en scène la séparation. Ses pensées deviennent des images projetées « dehors » dans le monde, et ces images vont être perçues désormais comme des objets séparés. Nous sommes persuadé que nous nous trouvons vraiment sur cet écran, nous mouvant dans cet univers physique. Nous croyons maintenant non seulement que nous avons exaucé notre vœu et réussi à devenir un créateur à l'instar de Dieu, mais aussi que nous Lui avons volé son pouvoir et pris sa fonction. L'univers remplit désormais pour nous un double office. Il est à la fois la « preuve » que nous avons réussi à faire mieux que Dieu, et un lieu où Dieu ne peut pas entrer, ce qui nous préserve de sa colère vengeresse.

> *Le corps est une minuscule clôture qui entoure un tout petit fragment d'une idée totale et glorieuse. Il forme un cercle, infiniment petit, autour d'une infime parcelle du Ciel, séparée du tout, proclamant que là est votre royaume, où Dieu ne peut point entrer.*
>
> (T364; T-18.VIII.2:5-6)

Bien évidemment, nous n'avons pas conscience de tout ceci. Le souvenir de ce que nous pensons avoir fait à Dieu nous est intolérable. Dans notre arrogance, nous pensons avoir fait voler le Ciel en éclats et créé quelque chose de mieux à la place. Cette croyance insensée engendre un profond sentiment d'avoir mal agi (ce que le Cours appelle « péché »), sentiment que nous avons nié et profondément refoulé dans notre inconscient. Mais nier une chose ne lui ôte pas son pouvoir sur nous. Ce sentiment de péché produit de la culpabilité en nous et la peur d'un châtiment mérité. C'est là, dit le Cours, que prennent naissance nos sentiments d'infériorité, nos haine et manque d'estime de nous-même ainsi que la maladie physique. Tous nos problèmes, qu'ils soient d'ordre physique ou psychologique, ont la même origine et se réduisent en fait à un seul : la croyance que nous nous sommes séparé de notre Créateur.

Il serait impossible de s'éveiller de ce rêve convaincant sans la présence de l'Esprit Saint dans notre esprit. Quand nous nous sommes endormi dans le Ciel, Dieu a placé en nous l'Esprit Saint afin de corriger notre rêve. Ce plan correcteur, que le Cours appelle « le Rachat », a pour objectif de rompre notre croyance dans la notion de séparation entretenue par l'ego. L'Esprit Saint porte différents noms dans le Cours : la Voix de Dieu, le Maître, le Consolateur, le Guide, le Médiateur. Sa présence étincelante dans notre esprit peut dissoudre tous les rêves ténébreux de notre ego ; il suffit pour cela de nous tourner vers Lui pour demander de l'aide. La présence de l'Esprit Saint, quelque part dans notre esprit, garantit que nous ne pouvons pas totalement oublier notre vraie maison.

Ecoutez — peut-être vous vient-il une réminiscence d'un état ancien pas tout à fait oublié ; une vague esquisse, peut-être, mais pourtant pas tout à fait inconnue, comme une chanson dont l'on a depuis longtemps oublié le titre et les circonstances dans lesquelles on l'a entendue. Seules quelques notes sont restées gravées dans votre souvenir, et vous ne pouvez les rattacher à rien de particulier, à aucune personne, à aucun lieu. Mais ce petit bout de mélodie suffit à vous rappeler combien la chanson était exquise, combien le cadre où vous l'avez entendue était merveilleux et

combien vous aimez ceux qui étaient là et l'écou-
taient avec vous.

(T416; T-21.I.6:1-3)

Quand la pensée de la séparation a été prise au
sérieux, l'esprit un de Christ s'est apparemment fragmenté en trois parties : l'ego, l'Esprit Saint et le *déci-*
deur, ou Fils de Dieu endormi (Figure 1.2[8]).

C'est à Kenneth Wapnick que l'on doit le terme de
« décideur ». Le Cours ne l'emploie pas, mais il est im-
plicite tout au long de l'ouvrage. A chaque instant de
la journée, le décideur choisit d'écouter soit la voix de
l'ego, soit celle de l'Esprit Saint. L'ego nous dit que la
séparation est consommée, que le monde est réel, que
le corps est notre demeure et que nous devons nous
défendre et nous battre pour satisfaire nos besoins. Le
conseil de l'Esprit Saint est tout autre : ce monde n'est
pas réel, notre demeure se trouve au Ciel, notre réalité
est l'esprit sans forme et le monde n'est qu'une salle
d'études où nous pouvons apprendre nos leçons, c'est-à-
dire le pardon, et nous éveiller de notre cauchemar.

L'ego a fabriqué le monde qu'il perçoit mainte-
nant mais l'Esprit Saint, qui réinterprète ce qu'a
fait l'ego, voit le monde comme un outil d'ensei-
gnement par lequel vous allez pouvoir revenir à
la maison.

(T74; T-5.III.11:1)

---

[8] Les Figures 1.1 et 1.2 ont été établies à partir d'idées présentées dans
le livre *Awaken From the Dream*, de Gloria et Kenneth Wapnick (voir
page 192). Je recommande cet ouvrage à tous ceux qui souhaiteraient
approfondir le sujet.

De la vérité à l'illusion

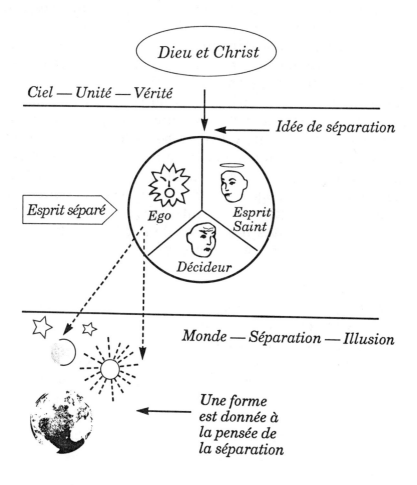

Figure 1.2

Cette rapide présentation de la métaphysique du Cours était indispensable à la compréhension des chapitres qui suivent, où nous allons explorer le monde de péché, de culpabilité et de peur de l'ego, puis la maladie physique produite par ces dispositions d'esprit. Tandis que lentement, nous allons apprendre à autoriser l'Esprit Saint à dénouer le système de pensée de l'ego, nous commencerons à nous éveiller de notre rêve de séparation. La paix de Dieu réinvestira peu à peu notre esprit et nous utiliserons notre corps comme un véhicule de communication aimante. Et quand nous ne croirons plus être une créature pécheresse, notre corps connaîtra automatiquement la santé et la vitalité. Nous finirons par le percevoir simplement comme un instrument d'apprentissage au service de l'esprit, dénué en lui-même de toute valeur intrinsèque. Lorsque nous aurons appris toutes nos leçons de pardon, nous serons heureux de ne plus nous préoccuper de notre corps.

> *O mes frères, si seulement vous connaissiez la paix qui vous enveloppera et vous maintiendra dans la sécurité, la pureté et l'amour de l'esprit de Dieu, vous ne pourriez que vous élancer sans attendre vers Son autel pour Le rencontrer. Bénis soient votre nom et le Sien car ils sont réunis en ce saint lieu. De cet autel Il s'incline pour vous élever jusqu'à Lui, vous tirant hors des illusions pour vous faire entrer dans la sainteté ; hors du monde et dans l'éternité ; hors de toute peur et rendu à l'amour.*
>
> (M82; C-4.8:1-3)

La chose perçue est un miroir, non un fait. Et ce que voient mes yeux, c'est ma disposition d'esprit, réfléchie à l'extérieur. (...) Tout ce que vous percevez témoigne du système de pensée que vous tenez pour vrai. (...) Ce que vous projetez est ce que vous niez, et tenez donc comme ne vous appartenant pas.

Extrait de *A Course in Miracles*
(W441; W-pII.304.1:3-4 - T192; T-II.V.18:3 - T89; T-6.II.2:1)

Chapitre 2

LE MONDE DE L'EGO : DÉNI ET PROJECTION

Le savoir de Kenneth Wapnick m'a été fort précieux pour écrire ce chapitre, de même que certains passages du Chapitre 3. J'ai notamment utilisé quelques idées et modèles présentés dans son livre *Forgiveness and Jesus* (voir page 192) pour expliquer certains des concepts exposés dans ces deux chapitres.

Ce matin, vous avez cru vous réveiller. Les rêves de la nuit se sont évanouis et la « réalité » d'une nouvelle journée a commencé. Mais en est-il bien ainsi ? Comme nous l'avons vu dans le chapitre précédent, aucun état extérieur au Ciel n'est réel. Le Cours formule ceci de la façon suivante :

> *Il n'y a pas de vie en dehors du Ciel. Là où Dieu a créé la vie, là doit résider la vie. Dans tout état séparé du Ciel, la vie est illusion.*
>
> (T459; T-23.II.19:1-3)

Ceci est illustré Figure 2.1 (page 59), en utilisant là encore l'analogie du cinéma.

Le décideur a choisi d'écouter l'ego au lieu de l'Esprit Saint. Le décideur croit à ce que pense l'ego — la séparation est réelle — et cette pensée est projetée à l'extérieur par « l'objectif » de l'esprit, sous la forme d'une image du monde. Dans cette analogie, l'écran est notre monde. Quand nous nous endormons et que nous rêvons, les événements et les personnages nous semblent bien réels. Nous mangeons des aliments rêvés, nous conduisons des voitures rêvées et nous communiquons avec des personnes rêvées. Notre corps peut tomber malade, et même mourir. On cherche parfois à nous faire du mal, et il peut même y avoir des monstres qui nous terrorisent. Mais quand nous nous réveillons, nos frayeurs s'envolent car nous nous rendons compte que tout cela n'était qu'un rêve.

Quand nous nous éveillons de nos rêves nocturnes, nous avons toujours en nous le désir de rester séparé de Dieu. Notre fidélité au système de pensée de l'ego reste inchangée, et nous nous créons un second rêve — pas plus réel que le premier. Dans ce « rêve diurne » nous continuons d'agir comme dans notre rêve nocturne. Nous croyons que ce qui « se passe » dans ce monde nous affecte. Certaines personnes et certaines situations vont nous rendre heureux et nous procurer la santé, tandis que d'autres personnes et d'autres situations vont nous rendre malheureux et nous faire tomber malade. Nous sommes semble-t-il l'effet de causes qui prennent naissance dans le monde. De cette notion, découle le sentiment profondément enraciné que nous sommes les victimes d'événements échappant à notre contrôle.

Tant que nous croirons que la cause de notre bonheur ou de notre souffrance se tient hors de notre esprit et dans un monde réel, nous ne pourrons jamais connaître la paix et la joie que nous promet le Cours. Ce monde illusoire est si convaincant que sans l'aide de l'Esprit Saint, nous ne pourrions jamais nous éveiller. Si nous le Lui permettons, l'Esprit Saint transformera la raison d'être de ce monde pour en faire, non plus un outil de séparation, mais une salle d'études où nous pourrons apprendre le pardon et sortir du rêve pour nous éveiller à la réalité joyeuse de notre véritable identité. Ce monde peut ainsi être utilisé dans un but radicalement opposé à son objectif premier, pour faire d'une terre de désespoir un lieu d'espoir plein de sens.

Le monde rêvé de l'ego

Le monde d'espace et de temps de l'ego

L'esprit séparé

> Il n'est pas un instant où vous n'êtes pas en train de rêver. Vos rêves nocturnes et vos rêves diurnes ne font qu'emprunter des formes différentes. Leur contenu est identique.
>
> T351; T-18.II.5:12-14

Figure 2.1

*Mon salut vient de moi. (...) Pour accepter cette
idée, vous devrez en payer le prix apparent : cela
signifie en effet que rien en dehors de vous-même
ne peut vous sauver ; rien en dehors de vous-
même ne peut vous apporter la paix. Mais cela
signifie aussi que rien en dehors de vous-même
ne peut vous blesser, ni troubler votre paix ou
vous perturber d'aucune façon.*

(W118; W-pI.70.2:1-2)

Le Cours nous dit que rien, dans le monde illusoire
de l'ego, n'a le pouvoir de nous affecter à moins que
nous ne lui donnions ce pouvoir. Or, nous nous croyons
pour la plupart malmenés par ce monde. Si seulement
les circonstances étaient différentes, nous serions heureux. Si seulement nous avions été élevé autrement, ou
si nos parents s'étaient montrés plus aimants, ou si
nous n'avions pas été violenté dans notre enfance, ou
si seulement le temps/le gouvernement/la nourriture/
etc. était meilleur(e), alors nous serions heureux. En
un mot, nous sommes convaincu que changer le monde
nous donnera le bonheur qui jusqu'à présent nous a
toujours échappé.

*Le plan de salut mis au point par l'ego est centré
sur les griefs. L'ego prétend que si une tierce personne parlait ou se comportait différemment, si
telle circonstance ou tel événement extérieur était
différent, vous seriez sauvé. Ainsi, la source du
salut est constamment perçue comme extérieure à
vous-même. Chacun de vos griefs équivaut à
déclarer « Si ceci était différent, je serais sauvé »,
et non seulement vous le déclarez, mais vous y
croyez. La transformation requise pour le salut
est ainsi exigée de tout et de tous, sauf de vous-
même.*

(W120; W-pI.71.2)

Le déni

Pour rester fidèle au système de pensée de l'ego, il ne faut pas se demander où se trouve réellement la source de notre souffrance (à savoir dans notre esprit séparé, et non dans le monde). Les pensées de notre ego entretiennent un mur protecteur contre l'amour de l'Esprit Saint. Notre jugement constant de nous-même et d'autrui maintient cette barrière qui fait obstacle à la lumière radieuse de Dieu. « L'Esprit Saint est la lumière radieuse qui, avec votre accord, va bannir l'idée de noirceur », dit le Cours (T69; T5.II.4:2). Ainsi, le pardon permet à la lumière de Dieu de dissiper les ténèbres qui nous habitent.

> *« L'ego crée les illusions. La vérité dissipe ses rêves malfaisants en les inondant de lumière. La vérité n'attaque jamais. Elle est, tout simplement. Et par sa présence l'esprit est tiré de ses chimères et s'éveille au réel. Le pardon convie cette présence à entrer et à prendre la place qui lui revient au sein de l'esprit. En l'absence du pardon, l'esprit est enchaîné et croit à l'inanité qui est la sienne. Mais dès qu'apparaît le pardon la lumière inonde et dissout le rêve des ténèbres, lui apportant l'espoir et lui donnant le moyen de réaliser la liberté qu'il a reçue en héritage. »*
> (W458; W-pII.332.1)

Si nous voulons trouver la paix, il nous faudra donc remettre en question l'avis de notre ego quant à l'origine de notre souffrance physique et psychologique. Nous avons créé le système de pensée de l'ego pour concurrencer directement la création de Dieu : né de la rivalité et de l'hostilité, l'ego conserve ces caractéristiques en lui. Il désire aussi demeurer en vie et n'a par conséquent aucun amour pour celui qui l'a fabriqué, c'est-à-dire le Fils de Dieu endormi.

> *Vous n'aimez pas ce que vous avez fabriqué, et ce que vous avez fabriqué ne vous aime pas. Construit à partir du déni du Père, l'ego n'a aucune loyauté envers son créateur.*
>
> (T55; T-4.III.4:2-3)

Poussé par son désir d'être autonome et de prendre la place de Dieu, l'ego emploie deux puissants mécanismes — le déni et la projection — pour nous forcer à continuer de croire en lui. Ces mécanismes de protection de l'ego nous maintiennent, nous le décideur, focalisé sur le monde. L'illusion est si puissante que nous n'éprouvons aucune difficulté à croire en toute bonne foi à notre statut de victime. Le Cours nous avise de « prendre garde à la tentation de se sentir injustement traité » (T523; T-26.X.4:1). Quand nous nous sommes endormi au Ciel et avons rêvé avoir créé ce monde, nous avons aussi laissé un « voile d'oubli » recouvrir notre décision. Nous nous sommes nié à nous-même avoir fait cela, car nous ne pouvions supporter ni le souvenir de notre apparent péché contre Dieu, ni l'aversion de nous-même qui en résulta. Ce péché contre Dieu est profondément inconscient, mais se manifeste par des sentiments d'indignité, d'infériorité (ou, par compensation, de supériorité), de mépris, de haine et de répulsion envers nous-même.

Pour décrire tout cela, le Cours emploie un terme unique : « culpabilité ». Nous ne nous sentons jamais assez bien, quelle que soit notre réussite apparente aux yeux du monde. Nous avons le sentiment de ne pas mériter qu'il nous arrive de bonnes choses, et pensons qu'il nous faut travailler très dur avant de pouvoir nous permettre un petit plaisir. En fait, nous sommes persuadé au tréfonds de nous-même que nous méritons vraiment d'être puni pour ce que nous avons fait à Dieu. « Toute faute mérite châtiment » est une loi psychologique. Une preuve éloquente m'en a été donnée durant une période de ma vie où j'écoutais les enseignements de J. Krishnamurti — lesquels, soit dit en passant, offrent de nombreux parallèles avec le Cours, notamment en ce qui concerne la pensée. Ce sont les pensées de notre ego, disait-il, qui nous empêchent d'avoir conscience de notre identité véritable.

Cela faisait douze ans que j'assistais aux entretiens de Krishnamurti en Angleterre et en Suisse, mais je ne lui avais jamais parlé. Il était très difficile d'obtenir un entretien privé avec lui, et je n'avais même jamais eu l'idée d'essayer. Un jour, après l'une de ses conférences, je me rendis à la tente où se prenaient les repas et je me servis. Alors que je me dirigeais vers une table, je me retrouvai tout à coup à même pas un mètre de lui. Krishnamurti en personne était tranquillement assis là, en train de déjeuner. Je ne pensais pas à lui en ce moment précis, et fus pris par la surprise. Il posa sur moi un regard intense, qu'il prolongea quelques instants. Le regardant à mon tour, je me sentis spontanément envahi d'amour et de reconnaissance pour cet homme, mais je restai pétrifié, sans pouvoir dire un mot ni faire un geste. Soudain son expression se transforma et son visage s'éclaira d'un large sourire. Ses yeux s'emplirent d'amour, il posa son assiette, se leva, et m'ouvrit les bras. Mon rêve devenait réalité ! J'allais rencontrer l'homme que j'admirais le plus au monde ! Et que fis-je ? Je tournai les talons et partis presque en courant ! Je ne pouvais pas prendre cet amour. J'avais le sentiment de ne pas le mériter, et que j'en serais terrassé.

Parvenu à l'autre bout de la tente, je lançai un regard furtif derrière moi. Krishnamurti était en train de parler avec une autre personne et je savais qu'il serait inutile d'essayer d'entrer de nouveau en contact avec lui. Et voilà ! Je demande de toutes mes forces à connaître l'amour de Jésus — mais suis-je prêt ? Manifestement pas, sinon je l'aurais accepté. Nous n'avons jamais que ce que nous désirons, c'est-à-dire essentiellement le péché, la culpabilité et la peur. Je préfère toujours mon ego à Jésus, mais je sais que mes jours de soumission à l'ego sont comptés. Je rentrerai à la maison, comme nous tous, mais le temps que cela prendra, c'est à chacun d'entre nous d'en décider.

> *La résistance à la douleur peut être considérable, mais n'est pas sans limite. Chacun finira par reconnaître, encore que peut-être très confusément, qu'il doit bien exister autre chose. Quand elle devient plus fermement établie, cette reconnaissance marque un tournant décisif.*
> (T18; T-2.III.3:5-7)

Au moment où nous nous sommes séparé de Dieu, si nous nous en étions remis à l'Esprit Saint présent dans notre esprit divisé, Il nous aurait dit de « rire gentiment » à ces folles pensées d'autonomie et de séparation nourries par l'ego. Mais déjà notre soumission à l'ego et notre croyance en lui étaient trop fortes. Ce qu'il nous murmurait nous a fait avoir peur de l'Esprit Saint — l'Esprit Saint n'appartient-il pas à Dieu, disait-il, et regarde un peu ce que nous avons fait au Royaume de Dieu ! Nous avions détruit l'unité du Ciel, volé le pouvoir créateur de Dieu, et mis la clé sous la porte. Dans notre folie, nous avions désormais la conviction que Dieu était très en colère contre nous et réclamait vengeance, c'est-à-dire notre sacrifice.

Nous trouvons là l'origine de tous ces passages de la Bible qui décrivent un père courroucé et vengeur réclamant notre sang. Il n'est dès lors guère étonnant que nous nous soyons pris à avoir peur de l'Esprit Saint présent en nous. C'était l'agent de Dieu — il était donc hors de question de lui faire confiance. Dans notre terreur, nous ne pouvions que nous tourner vers l'ego et solliciter son aide pour nous protéger du châtiment de Dieu. La réponse de l'ego, comme toujours, fut de nier notre culpabilité et de la projeter sur un monde non-existant. L'ego a créé un problème illusoire (la séparation d'avec Dieu) et poursuit maintenant son œuvre en nous prodiguant intarissablement ses conseils quant à la façon de le résoudre — par le déni et la projection. Notre affairement incessant et l'importance que nous donnons aux détails du monde de la forme créé par l'ego constituent un excellent écran de fumée qui masque la présence de l'Esprit Saint en nous, assurant ainsi la perpétuation de l'ego. Notre tout premier acte a été de nier avoir mené cette « bataille » contre Dieu. Voici ce que le Cours dit de ce premier déni :

> *Oubliez cette bataille. Acceptez-la comme un fait, puis oubliez-la. Otez de votre esprit tous ces handicaps insurmontables qui pèsent sur vous. Otez de votre esprit l'immensité de « l'ennemi », et ne pensez pas à votre vulnérabilité relative. Acceptez votre séparation, mais oubliez la façon dont elle est survenue. Croyez que vous l'avez gagnée, mais ne conservez pas le moindre souvenir de l'identité de votre grand « adversaire ».*
>
> (M43; M-17.6:5-10)

Ce déni est si puissant que nous sommes convaincu de n'avoir rien à voir avec ce monde où nous sommes né. Nous ne sommes pas responsable de ce que nous y trouvons et pensons être en droit de critiquer Dieu quand Sa création ne fonctionne pas très bien. Mais ce monde, comme nous l'avons vu, n'est pas la création de Dieu ; c'est une création pervertie de l'ego, qui véhicule son propre système de pensée dans chacun des détails « d'ici-bas ». Le système de pensée de l'ego, fondé sur les différences, la comparaison, la séparation, le jugement, l'attaque, la défense, le meurtre, etc., ne peut en effet que se refléter dans le monde car, comme le déclare le Cours : « *Les idées ne laissent pas leur source derrière elles, et leurs effets n'en sont distincts qu'en apparence.* » (T515; T-26.VII.4:7)

Chaque créature vivante de cette planète doit tuer pour vivre. Nous devons tuer des légumes ou des animaux pour assurer notre survie. Le règne animal doit passer tout son temps ou bien à tuer quelque autre forme de vie, ou bien à se protéger pour ne pas être tué. Tuer ou être tué : telle est la problématique qui se tient au cœur du système de pensée de l'ego, puisqu'il croit avoir tué Dieu et volé son pouvoir. Ce système de pensée, il lui faut ensuite le projeter, créant un monde qui est, littéralement parlant, l'image des pensées de notre ego. Il ne peut rien être d'autre. Si c'est sur le film, c'est sur l'écran. Il est par conséquent inutile de vouloir changer ce qui se trouve sur l'écran ; c'est le film que nous devons changer. Le Cours nous demande : « *Ne cherchez pas à changer le monde ; choisissez plutôt de changer votre vision du monde.* » (T415; T-21.Intro.1:7)

Il nous faut retirer le film de la séparation et de l'attaque et le remplacer par celui de l'Esprit Saint, fait d'union et de pardon. Alors le monde nous apparaîtra totalement différent, même si sa forme reste la même. Alors nous regarderons par les yeux de l'Esprit Saint et ne verrons plus que des gens qui « *demandent de l'amour ou font grandir l'amour* », et rien d'autre. C'est cette vision de l'Esprit Saint que Jésus a manifestée dans ce monde. Sachant qui il était réellement, un enfant de Dieu, immortel et sans forme, Jésus n'avait nul besoin de se défendre et, sachant que nous étions la même chose que lui, il n'avait nul besoin d'attaquer. La plupart d'entre nous se trouvent cependant encore loin de cette prise de conscience, et le Cours nous met en garde de ne pas nier notre corps et ce que nous vivons dans ce monde.

> *Le conflit doit être résolu. Mais pour cela, il ne peut être éludé, mis de côté, nié, déguisé, déplacé, appelé par un autre nom ou caché par une tromperie ou une autre. Il doit être vu exactement tel qu'il est, là où l'on pense qu'il se trouve, avec la réalité qui lui a été donnée et l'objectif que lui a octroyé l'esprit. Alors, et seulement alors, ses défenses pourront être levées et la vérité pourra resplendir à sa place.*
>
> (W459; W-pII.333.1:1-4)

La projection

Dans la vie quotidienne, notre culpabilité cachée est sans cesse provoquée. On va par exemple nous passer devant dans la file d'attente, ou une voiture va nous obliger à freiner brusquement en nous coupant la route sans crier gare, ou bien encore quelqu'un va nous insulter. Nous ressentons généralement une « juste colère » dans ce genre de situation, sans nous rendre compte qu'en réalité, la source de notre amertume se trouve dans notre esprit et n'a strictement rien à voir avec ces événements survenus dans le monde. Notre ego va automatiquement nous conseiller de riposter, soit en manifestant notre colère auprès des intéressés, soit en la projetant à l'intérieur de nous-même — engendrant, dans bien des cas, un dérèglement physique tel que mal de tête, ulcère gastrique, crise d'asthme... Pour l'ego, les deux solutions sont satisfaisantes car il focalise alors notre attention sur le monde (où ne se trouve pas le problème) et l'éloigne de notre esprit (où réside la cause).

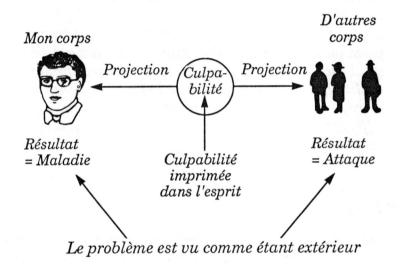

Figure 2.2

Pendant un séjour à Findhorn, une femme qui était malade depuis trois semaines me demanda une séance de guérison. Elle présentait tous les symptômes de la grippe et souffrait d'une toux persistante qui l'empêchait de dormir. Alors que nous en étions à la phase de relaxation et que je tenais mes mains au-dessus de sa poitrine, elle commença à éprouver une sensation désagréable à ce niveau. J'entrepris de lui faire explorer cela, car il me semblait qu'il devait se trouver là une précieuse indication pour elle. Pour l'aider à accepter cette sensation désagréable, je lui demandai de décrire ce qu'elle ressentait ou voyait dans sa poitrine. C'était comme s'il y avait là un portail en bois, répondit-elle, et ce portail était fermé. Je lui demandai alors ce qu'elle souhaitait faire avec ce portail, pensant qu'elle pourrait l'ouvrir doucement. Mais au lieu de cela, elle se vit en train de saisir une grosse masse et de fracasser le portail en mille morceaux. C'est alors qu'elle prit brusquement conscience qu'une intense colère était concentrée dans cette région de son corps. Comme elle faisait cette découverte, la colère monta et alla se loger dans sa gorge — provoquant une quinte de toux.

Toujours pour l'aider à accepter ce qui se trouvait là, je lui demandai de décrire comment sa gorge lui apparaissait. Elle commença par la dépeindre comme une boule rouge et dure, mais cette image se transforma soudain en un horrible grand monstre noir. Elle était très perturbée de trouver cette image dans son esprit. Je savais quant à moi que ce monstre représentait un messager important, porteur d'informations sur ce qui était refoulé dans son inconscient. Il était capital pour elle d'accepter cette nouvelle image et de ne pas lui opposer de résistance. Je l'encourageai à essayer de devenir amie avec le monstre, mais cela lui fut très difficile. Pourtant, elle finit par se sentir poussée à lui offrir un cadeau. Elle se vit sortir une chaîne d'or de son cœur et la passer au cou du monstre. Ses yeux froids et durs, chargés de colère, se remplirent alors d'amour et de compassion. Je l'incitai à s'approcher du monstre pour voir si elle pouvait le toucher. Elle réussit à le caresser, mais seulement quelques instants.

La séance de guérison était terminée. Cette femme avait pris conscience que durant ses trois semaines de maladie, elle avait en réalité nié de puissants sentiments de colère. Le jour suivant, elle m'informa que sa toux avait disparu peu après la séance, bientôt suivie par ses autres symptômes. Nous avions tous les deux reçu un puissant exemple de l'effet du déni. Sa colère première avait été intériorisée, créant la maladie dans son corps. Et pour elle c'était là, dans son corps, que se situait le problème — du moins l'avait-elle cru jusqu'à ce qu'elle rompe son déni, accepte la souffrance qui se trouvait dans son esprit et la laisse partir.

> *La maladie est de la colère reportée sur le corps,*
> *de façon à ce qu'il souffre.*
>
> (T560; T-28.VI.5:1)

La stratégie de l'ego est toujours la même : inverser la cause et l'effet, et nous empêcher de porter notre regard sur la cause — et donc sur l'esprit, car si nous revenions vers notre esprit nous pourrions aussi y découvrir la présence de l'Esprit Saint et L'écouter, Lui, au lieu de l'ego. Or c'est bien là la dernière chose que désire l'ego, car cela signerait sa mort. Ainsi ne cesse-t-il de nous souffler que le problème se trouve dans le monde et non dans l'esprit, et le pouvoir de cette illusion est tel que nous souscrivons volontiers à ce point de vue. Mais vouloir sans cesse reporter sur le monde la responsabilité de notre détresse, en niant et projetant nos problèmes, ne fait qu'augmenter notre culpabilité car à un certain niveau, nous savons que le déni et la projection ne sont pas fondés et qu'il va bien falloir finir par assumer nous-même la responsabilité de la séparation.

> *Et pourtant la projection vous portera toujours préjudice. Elle renforce votre croyance dans votre propre esprit séparé, et son seul objet est d'assurer la perpétuation de la séparation. Ce n'est qu'un artifice de l'ego pour vous faire vous sentir différent de vos frères et séparé d'eux.*
>
> (T89; T-6.II.3:1-2)

Le système de pensée de l'ego

Le Ciel

La "petite idée folle"
de la séparation

1. *Péché — la pensée que nous nous sommes séparé de Dieu.*

5. *Projection — nous essayons de nous débarrasser de notre culpabilité en la reportant sur quelqu'un d'autre.* ☞

Film de la culpabilité

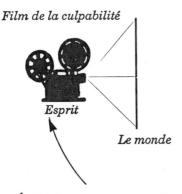

Esprit

2. *Culpabilité — tous nos sentiments / croyances négatifs sur nous-même.*

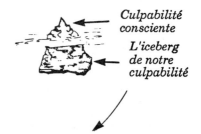

Culpabilité consciente

L'iceberg de notre culpabilité

Le monde

4. *Déni — nous essayons d'esquiver notre culpabilité en repoussant hors de notre conscience le sentiment d'avoir péché (comme on repousse la poussière sous un tapis).*

3. *Peur — toute peur vient de ce que nous nous attendons à être puni pour nos péchés. Toute faute exige un châtiment.*

Figure 2.3

La Figure 2.3[9], page précédente, résume le cercle vicieux dans lequel l'ego nous enferme lorsque nous l'écoutons.

En essayant de nous débarrasser de notre culpabilité, nous ne faisons que l'augmenter. La seule façon de sortir de ce piège sans fin consiste à nous ouvrir à l'aide de l'Esprit Saint, toujours et à jamais présente en nous. Nous avons besoin d'une bascule de notre perception, d'un miracle, pour voir la situation différemment. Il nous faut aller à la rencontre du noir qui réside en notre esprit, le dé-couvrir et le pardonner. En valorisant le déni, nous maintenons le voile qui occulte notre obscurité et nous donnons une réalité à ces ténèbres — ce que le Cours appelle « rendre le faux, réel ». Mais en acceptant nos pensées assassines, nous pourrons les pardonner et, avec l'aide de l'Esprit Saint, les voir comme les illusions qu'elles sont.

Les relations spéciales de haine

Pour désigner ces relations où nous choisissons certaines personnes pour projeter notre culpabilité non guérie et non pardonnée, le Cours emploie l'expression de « relation spéciale de haine ». Chaque fois que nous perdons notre calme et nous irritons contre quelqu'un, cela signifie que nous avons rencontré un miroir nous renvoyant ce qui n'est pas pardonné en nous. Notre colère est justifiée, nous dit notre ego, et nous devons riposter. L'Esprit Saint, Lui, nous conseille de rechercher dans notre esprit l'ombre qui s'y cache et de l'offrir à Sa lumière, afin qu'Il puisse la dissoudre. L'Esprit Saint nous demande sans cesse de rompre notre déni,

---

[9] Les Figures 2.3 et 2.4 ont été établies à partir d'idées exposées dans le livre de Kenneth Wapnick *Forgiveness and Jesus* (voir page 192).

de ramener nos projections à notre propre esprit et de solliciter Son appui pour nous aider à les laisser partir.

Si les gens gourmands nous agacent, c'est qu'il y a de la gourmandise dans notre propre esprit. Si nous réprouvons les gens colériques, c'est qu'il y a de la colère en nous. La forme est souvent différente, mais jamais le contenu. Il se peut que vous ne vous soyez jamais mis en colère, et que vous critiquiez ceux qui le font. Mais si vous examinez votre esprit de plus près, vous y découvrirez la colère, aussi rigoureusement jugulée et niée puisse-t-elle être. Ou bien vous êtes irrité par les gens qui fument, et vous-même n'avez jamais fumé. Mais que représente le fait de fumer pour vous ? Peut-être avez-vous le sentiment que les fumeurs sont insensibles, égoïstes et indifférents. Si vous regardez honnêtement en vous-même, vous y découvrirez ces mêmes traits de caractère, bien que vous les exprimiez sous une autre forme. C'est pourquoi le Cours affirme :

> *La colère n'est jamais autre chose qu'une tentative de votre part pour qu'une tierce personne se sente coupable, et cette tentative est la seule base qu'accepte l'ego pour les relations spéciales. (...) La colère n'est jamais justifiée. L'attaque n'a aucun fondement.*
> (T297; T-15.VII.10:3 - T593; T-30.VI.1:1-2)

Le Cours, notons-le bien, ne condamne pas la colère et ne dit pas que nous devons nous l'interdire. Il indique simplement qu'elle n'est pas justifiée. En utilisant la colère, nous espérons que notre ennemi va se sentir coupable et reconnaître qu'il est la cause de notre détresse. C'est à lui qu'appartient désormais le problème, et non plus à nous.

Nous sommes tous énormément investis dans la colère, car nous entretenons la croyance magique qu'elle va nous permettre d'obtenir ce que nous désirons. Cependant, tout ce qu'elle nous apporte n'est qu'un peu plus de culpabilité : à un certain niveau, nous savons bien que notre attaque ne se justifie pas. Nous ne faisons qu'attaquer chez quelqu'un d'autre ce qui existe en nous-même. Pour nous débarrasser de ce surcroît de culpabilité, l'ego nous conseille de nouveau la colère. Le cercle vicieux de culpabilité et d'attaque de l'ego est ainsi maintenu, lui assurant notre fidélité. Non que nous devions réprimer notre colère sous prétexte qu'elle seule rend notre culpabilité réelle. L'Esprit Saint nous demande d'accepter notre colère et de la Lui offrir afin qu'Il puisse nous libérer de son illusion. Ceci est en règle générale très difficile car à nos yeux, l'objet de notre colère mérite notre châtiment — et la colère nous donne l'énergie d'accomplir cette tâche. Si nous lâchons notre colère, pensons-nous, « l'ennemi » s'en tirera sans obtenir ce qu'il mérite.

Les Evangiles sont souvent cités pour justifier la colère — Jésus ne s'est-il pas mis en colère contre les marchands du temple et n'a-t-il pas renversé les tables des usuriers ? Toutefois, les Evangiles ne disent pas que Jésus s'est mis en colère. Peut-être avait-il choisi ce jour-là de délivrer un enseignement « musclé » ! Plus important encore, dans le célèbre Sermon sur la Montagne, Jésus s'est directement élevé contre la colère.

Pour comprendre notre plaidoyer en faveur de la colère, il suffit de bien voir à quel point nous croyons que la source de nos problèmes se trouve dans le monde et que nous sommes l'innocente victime des circonstances. Dès que nous lâchons notre investissement dans la colère, nous cessons également de nous percevoir comme une victime ; nous nous tournons alors vers l'Esprit Saint, et non plus l'ego, pour être guidé. Mais l'ego voit cela comme une attaque de front à son encontre et va tout essayer pour nous faire retomber dans la colère. Tandis que pas à pas, nous allons revenir vers Dieu, nous devons nous attendre à ces attaques et prier pour être aidé. La colère est une arme majeure de l'ego, car elle cache la source réelle du problème — dans notre esprit — et nous fait nous focaliser sur le monde à la place. Une expérience vécue par mon épouse Salice au moment de la guerre du Golfe, en février 1992, illustre bien cela.

Salice était en train de méditer, réfléchissant à Saddam Hussein et à la situation où se trouvaient plongés l'Irak et le Koweït. Elle aurait voulu aider, d'une façon ou d'une autre, mais elle se sentait totalement impuissante et demanda : « Mais que pourrais-je bien faire pour aider ? » Elle entendit alors une voix intérieure lui répondre : « Comment vois-tu Saddam Hussein ? » Après un bref instant de réflexion, Salice ressentit immédiatement que c'était un homme cruel, dominateur, agressif et enragé. « Possèdes-tu l'un de ces traits de caractère ? » interrogea la voix. Salice réfléchit profondément à la question et admit qu'il lui était effectivement arrivé, parfois, de manifester ces caractéristiques. « Résous ces choses en toi-même, lui dit alors la voix, et ce sera le plus grand cadeau que tu puisses offrir à la guerre du Golfe. » Puis l'image de Saddam Hussein se tenant au sommet d'une montagne lui apparut, et toute la population de la Terre était assemblée au pied de cette montagne. Saddam Hussein tenait un grand miroir sur lequel la lumière venait miroiter. « Regardez-moi, disait-il. Comme vous ne pouvez pas distinguer ces dispositions en vous, je suis un miroir pour vous, et je dois les exagérer pour que vous puissiez les voir. » Salice sut à ce moment que tant qu'il existerait en elle-même ou chez une autre personne une qualité négative, celle-ci finirait toujours par être projetée sur quelqu'un ou quelque chose d'autre.

Les relations spéciales d'amour

> *La relation spéciale d'amour est l'arme maîtresse*
> *de l'ego pour vous maintenir à l'écart du Ciel.*
> *(...) [Ce] n'est qu'un vil substitut de ce qui vous*
> *rend entier dans la vérité, mais pas dans*
> *l'illusion.*
>
> (T317; T-16.V.2:3 - T315; T-16.IV.8:4)

Nous passons généralement de grands pans de notre vie dans des relations de dépendance, de demande. Cela peut être avec nos parents, nos amis, nos partenaires amoureux, nos enfants, nos employés ou toute personne qui, pensons-nous, va combler nos besoins. Nous créons aussi une dépendance vis-à-vis de la nourriture, de l'argent, de l'alcool, des cigarettes, des livres, des voitures, des vêtements et autres objets matériels. Tout cela repose sur l'idée que le bonheur prend sa source à l'extérieur de nous-même, dans le monde de la forme de l'ego. Ces formes, le Cours les appelle des idoles, créées pour remplacer l'amour que Dieu nous porte (voir citation Figure 2.4, page 82).

Pourquoi sommes-nous donc poussés à rechercher la paix et la joie à l'extérieur de nous-même ? La rupture de notre lien conscient avec notre demeure au Ciel a laissé en nous un terrible vide — ce que le Cours dénomme « principe du manque ». Nous avions le sentiment qu'il manquait quelque chose de très important dans notre vie, mais sans savoir consciemment de quoi il s'agissait. Le mécanisme de déni de l'ego ne nous a pas seulement permis d'occulter notre culpabilité, il nous a aussi ôté le souvenir de notre vraie demeure. Mais comme il est impossible de totalement oublier Dieu et son Royaume, nous en avons malgré tout conservé un vague mais obsédant souvenir.

Ce monde dans lequel il vous semble vivre n'est pas votre vraie maison. Et au fond de vous-même, vous savez que cela est vrai. Vous êtes hanté en permanence par un souvenir de votre « chez-vous », comme si un lieu vous appelait, mais que vous ne reconnaissiez pas la voix, ni ce que cette voix évoque en vous. Pourtant vous vous sentez ici comme un étranger, venu d'une contrée totalement inconnue.

(W331; W-pI.182.1:1-4)

Nous demandons alors l'avis de notre ego. Effectivement, répond-il, il nous manque quelque chose, et la seule solution à notre détresse est de regarder hors de notre esprit et de chercher dans le monde ce quelque chose qui nous fait défaut. Là encore, la solution de l'ego détourne notre quête de l'amour de l'Esprit Saint présent en nous et l'oriente vers le monde extérieur, assurant ainsi la perpétuation de l'ego. Et c'est ainsi que nous nous lançons dans une vaine quête du bonheur, le cherchant là où nous ne pourrons jamais le trouver.

Vous devez avoir remarqué quelle remarquable caractéristique présente chaque objectif que l'ego a accepté de reconnaître comme sien. Vous avez beau avoir atteint cet objectif, vous n'êtes toujours pas satisfait.

(T144; T-8.VIII.2:5-6)

Notre pauvreté spirituelle sera parfois convertie en une quête d'argent. Mais nous n'en avons jamais assez, semble-t-il, pour nous satisfaire. Ou bien nous allons acheter un nouveau vêtement et être ravi de notre emplette ; mais un peu plus tard, nous voyons un autre article encore plus attirant que celui que nous venons d'acheter, et maintenant, c'est celui-là qu'il nous faut. Nous pouvons aussi convertir notre besoin de rejoindre Dieu en un besoin de nous unir sexuellement avec un autre corps. Une union sexuelle fréquente fera nous semble-t-il un substitut satisfaisant à l'union spirituelle. Tout cela, cependant, ne signifie en aucun cas que le monde de la forme de l'ego est répréhensible et devrait être refusé — cela ne ferait que « rendre réel le faux » et conduirait à l'ascétisme et l'automutilation. Que nous ne pensions qu'à notre indignité ou que nous fuyions en recherchant le plaisir, cela sert toujours l'objectif de l'ego, qui est de nous maintenir dans la culpabilité et focalisé sur le monde. Pour l'Esprit Saint, le monde n'est qu'une salle de classe riche d'expériences par lesquelles, au lieu de trouver la culpabilité, nous pouvons apprendre le pardon et commencer à nous éveiller du rêve de séparation. Nous devons être « dans le monde et non *du* monde », comme l'enseigne la voie du milieu prônée par Bouddha voilà 2 500 ans.

Il n'existe rien de tel qu'une relation, quelle que soit sa forme, pour amener dans notre conscience tout ce qui a besoin d'être guéri et pardonné en nous. Sans le miroir offert par la relation, notre culpabilité serait difficile à découvrir. Toutes nos relations doivent, au départ, avoir pour but de satisfaire les besoins de l'ego. Vouloir porter à un individu un amour inconditionnel est par nature contradictoire. Lorsque nous nous serons enfin éveillé à notre identité véritable, alors notre amour s'étendra à tous, de manière égale et sans exception. Ainsi, nous avons besoin des relations de ce monde pour apprendre le pardon.

Examinons plus attentivement ce qui se passe dans une relation spéciale d'amour, par exemple un couple vivant une relation de codépendance. Nous avons choisi cet exemple, mais ce que nous allons explorer s'applique à toutes les formes de relation fondées sur le besoin.

Ressentant une souffrance et un vide en nous, nous cherchons quelqu'un pour remplir ce vide. C'est comme si nous avions dans notre cœur un puits sans fond que nous espérons pouvoir remplir avec quelque chose venant de l'extérieur. Nous cherchons quelqu'un de spécial, doté de caractéristiques particulières. Notre ego se montre toujours très sélectif et va nous établir une liste appropriée, comme nous le faisons avant de partir faire les courses. Cette liste indiquera le type de morphologie et les traits de caractère que nous attendons de notre partenaire — son âge, sa taille, sa couleur, son degré de beauté... a-t-il bien le sens de l'humour, est-il gentil, sensible, attentionné ?

> *La relation spéciale n'a aucun sens sans le corps. Si cette relation vous semble précieuse, vous ne pouvez que donner de la valeur au corps. Et ce à quoi vous donnez de la valeur, vous allez vouloir le conserver. Une relation spéciale est un artifice qui vous limite à un corps, et qui limite votre perception des autres au leur.*
>
> (T321; T-16.VI.4:1-4)

Peut-être recherchons nous un « père protecteur » ou une « gentille mère » pour veiller sur nous. Ou bien au contraire, peut-être allons-nous désirer un « enfant dépendant » afin de nous sentir indispensable et d'avoir quelqu'un à qui porter secours. Lorsque nous trouvons quelqu'un qui correspond à nos besoins (conformément à notre liste d'emplettes) et que nous correspondons aussi à ses besoins, il se forme une relation spéciale d'amour. Les premiers temps sont souvent appelés « lune de miel », car durant cette période les deux partenaires connaissent le bonheur, ayant le sentiment qu'enfin leur puits sans fond a été comblé. On dit qu'ils sont tombés amoureux mais en réalité, ils sont tombés dans les besoins. Tant que ces besoins sont mutuellement satisfaits, le couple n'a pas conscience que cette relation ne constitue qu'une autre relation spéciale de haine, mais habillée d'un contour séduisant. En effet, notre partenaire constitue un rappel permanent du peu de valeur que nous nous accordons — et cela, pour la simple raison que nous l'utilisons pour remplir notre puits sans fond. Détestant ce manque d'estime de nous-même et cette culpabilité qui nous habitent, nous ne pouvons que détester ceux qui nous les rappellent. Notre dépendance vis-à-vis de notre partenaire finira par engendrer le mépris car nous haïssons dépendre des autres. C'est ainsi qu'en fin de compte, la relation spéciale accroît notre souffrance et notre vide au lieu de les atténuer comme nous l'avions tout d'abord inconsciemment espéré. Nous voyons donc nettement que l'objectif de toute relation spéciale, qu'elle soit de haine ou d'amour, est de créer de la culpabilité et de nous maintenir ainsi dans notre croyance en l'ego.

> *Pourtant, plus vous examinez attentivement la relation spéciale, plus il apparaît qu'elle ne peut que favoriser la culpabilité, et donc emprisonner.*
>
> (T321; T-16.VI.3:4)

L'ego nous a dit que nous étions un pécheur et notre culpabilité constitue la preuve qu'il a raison. Quand nos besoins ne sont plus satisfaits, la haine enfouie que nous éprouvons à l'égard de notre partenaire fait surface et l'ego nous dit de la projeter sur cet individu. Une fois encore, notre colère nous semble justifiée tandis que nous cherchons à obtenir la satisfaction de nos besoins en rendant notre partenaire coupable. « Tu m'as dit que tu m'aimais, mais regarde comment tu me traites ! » Combien de fois l'ego n'a-t-il pas recours à cette ruse ? Même si la relation est réparée et que nous nous « raccommodons », une graine de doute est désormais semée. Celle-ci va croître à chaque brouille, imprimant un peu plus de doutes quant à l'avenir de cette relation. A ce stade, l'ego nous conseillera probablement de trouver un partenaire plus adéquat. Et ce cycle peut se répéter à l'infini — nous allons continuellement attirer un nouveau partenaire, pour finir par voir apparaître le même schéma.

Mais si nous le désirons, un autre choix s'offre à nous : nous en remettre à l'Esprit Saint. Si, à n'importe quel moment de ce cycle, nous nous tournons vers Lui, Il nous conseillera de convertir l'objectif de notre relation et de faire, de cette relation spéciale, une relation sacrée grâce à laquelle nous allons pouvoir apprendre Ses leçons de pardon. Ce concept de relation sacrée sera étudié plus en détail au Chapitre 4. La Figure 2.4, page suivante, résume le cercle vicieux créé par l'ego dans la relation d'amour spéciale.

Résumé

Croyant que nous nous sommes réellement séparé de Dieu, nous sommes habité par un profond sentiment de péché et son corollaire, la culpabilité. Il est une loi psychologique selon laquelle « Toute faute mérite châtiment », et nous redoutons désormais que cela nous arrive. Nous demandons donc à l'ego de nous aider face à ce fardeau. L'Esprit Saint qui est présent en nous nous aurait dit que nous n'avions rien à craindre — tout cela n'est qu'un rêve absurde — mais nous avons peur de Lui car à nos yeux, Il est l'agent d'un Dieu courroucé réclamant vengeance. Le conseil de l'ego est simple : il nous suffit d'oublier que nous nous sommes séparé de Dieu, et de nier la culpabilité qui en découle en la projetant sur nos relations et sur le monde en général. Le problème n'est désormais plus le nôtre,

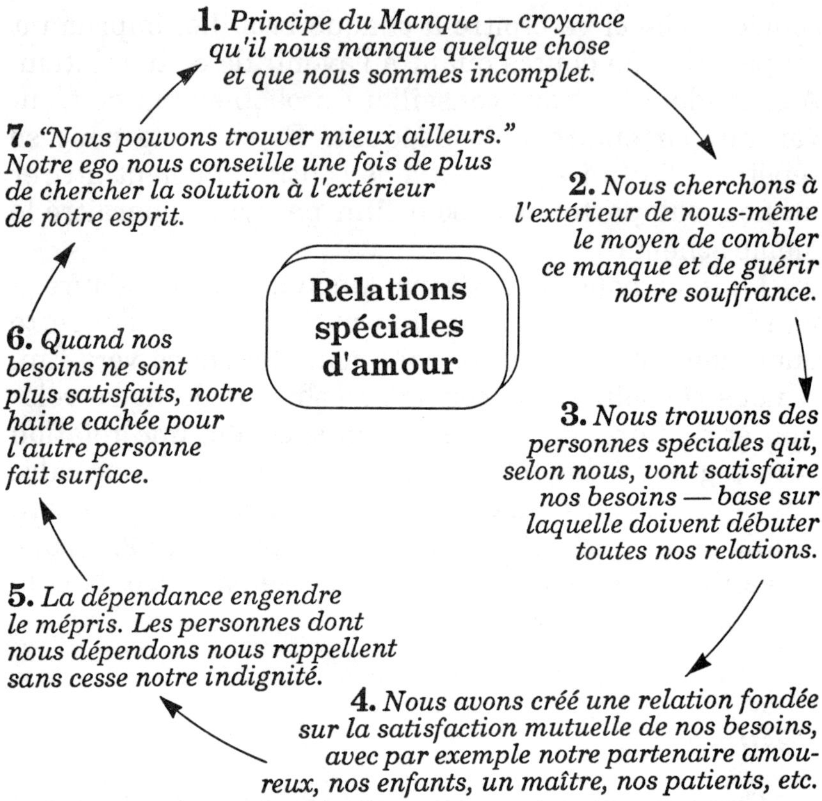

1. *Principe du Manque — croyance qu'il nous manque quelque chose et que nous sommes incomplet.*

7. *"Nous pouvons trouver mieux ailleurs." Notre ego nous conseille une fois de plus de chercher la solution à l'extérieur de notre esprit.*

2. *Nous cherchons à l'extérieur de nous-même le moyen de combler ce manque et de guérir notre souffrance.*

Relations spéciales d'amour

6. *Quand nos besoins ne sont plus satisfaits, notre haine cachée pour l'autre personne fait surface.*

3. *Nous trouvons des personnes spéciales qui, selon nous, vont satisfaire nos besoins — base sur laquelle doivent débuter toutes nos relations.*

5. *La dépendance engendre le mépris. Les personnes dont nous dépendons nous rappellent sans cesse notre indignité.*

4. *Nous avons créé une relation fondée sur la satisfaction mutuelle de nos besoins, avec par exemple notre partenaire amoureux, nos enfants, un maître, nos patients, etc.*

Parmi ceux qui viennent ici, personne ne peut ne pas avoir toujours l'espoir, quelque vague illusion ou quelque rêve qu'il existe quelque chose en dehors de lui-même qui va lui apporter le bonheur et la paix. Si tout se trouve en lui, il ne peut en être ainsi. (...) Ne cherchez pas à l'extérieur de vous-même. Car cela échouera et vous pleurerez chaque fois que tombera une idole. Le Ciel ne peut être trouvé là où il ne se trouve pas, et il ne peut y avoir de paix ailleurs qu'au Ciel. (...) Car toute votre souffrance ne vient que de la vanité de votre quête, où vous vous entêtez à vouloir trouver ce que vous désirez là où il est impossible de le trouver. Qu'allez-vous donc faire si cela ne s'y trouve point ? Préférez-vous avoir raison, ou trouver la félicité ?

T573; T-29.VII.2:1-2, 1:1-9

Figure 2.4

mais celui de tout ce qui, vivant ou inanimé, nous entoure. Ce que nous détestons en nous, nous le nions et le projetons sur nos ennemis : ce sont nos relations spéciales de haine. Notre colère contre eux exige qu'ils changent de comportement pour rétablir notre paix perdue. Vu comme étant extérieur à nous-même, notre problème est impossible à guérir.

L'arme la plus puissante dont l'ego dispose contre Dieu est la relation spéciale d'amour. Ressentant un vide dramatique en nous (« principe du manque »), nous recherchons des personnes spéciales (partenaires amoureux, amis, parents, thérapeutes, etc.) pour combler par leurs attributs (argent, admiration, sexe, sécurité, aide, etc.) notre puits de désespérance. Mais nous ne faisons ainsi que rechercher un substitut à la seule relation qui pourrait nous satisfaire : la relation avec Dieu, que nous croyons avoir perdue pour toujours.

L'Esprit Saint nous conseillerait de faire de ces relations mêmes la salle de classe où nous pourrons apprendre le pardon. L'Esprit Saint peut utiliser tout ce qu'utilise l'ego, mais dans le but opposé, c'est-à-dire pour unir au lieu de séparer. Dans nos relations spéciales d'amour, nous manipulons autrui pour satisfaire nos besoins, créant des marchandages où nous nous échangeons mutuellement les cadeaux dont nous pensons réciproquement avoir besoin de la part de l'autre. Cependant, tout comme l'attaque injustifiée qui sous-tend la relation spéciale de haine, la manipulation et l'attaque masquée sous-tendant la relation spéciale d'amour ne font qu'augmenter notre culpabilité — ce qui répond exactement à ce que l'ego a toujours voulu, car nous allons désormais continuer à avoir foi en lui. Nous avons créé le système de pensée de l'ego et celui-ci se bat pour assurer sa pérennité. Ses conseils entretiennent notre sentiment de séparation et nous maintiennent dans un cercle vicieux de culpabilité et d'attaque.

*Toute maladie est issue de la séparation. Quand
la séparation est démentie, la maladie disparaît.*
                                    (T514; T-26.VII.2:1)

La Figure 2.5 ci-contre résume le seul choix qui
s'offre à nous : écouter notre ego et projeter, ou suivre
l'avis de l'Esprit Saint et choisir un miracle.

La projection ou le miracle
Quelle vision du monde allons-nous choisir ?

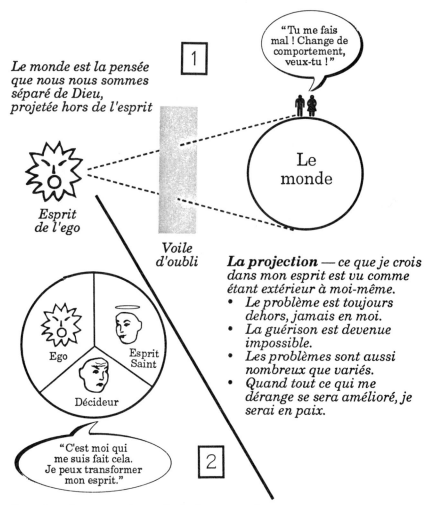

Le monde est la pensée que nous nous sommes séparé de Dieu, projetée hors de l'esprit

1

"Tu me fais mal ! Change de comportement, veux-tu !"

Le monde

Esprit de l'ego

Voile d'oubli

Ego

Esprit Saint

Décideur

"C'est moi qui me suis fait cela. Je peux transformer mon esprit."

2

La projection — *ce que je crois dans mon esprit est vu comme étant extérieur à moi-même.*
- *Le problème est toujours dehors, jamais en moi.*
- *La guérison est devenue impossible.*
- *Les problèmes sont aussi nombreux que variés.*
- *Quand tout ce qui me dérange se sera amélioré, je serai en paix.*

Le miracle — *une bascule de la perception.*
- *La guérison est désormais possible.*
- *Il n'existe qu'un seul problème : la séparation de Dieu.*
- *Il n'existe qu'une seule solution : le pardon.*

Figure 2.5

Le corps n'a pas été créé par l'amour. Mais l'amour ne le condamne pas et peut l'utiliser amoureusement, respectant ce que le Fils de Dieu a créé et l'utilisant pour le délivrer des illusions.

Extrait de *A Course in Miracles*
(T359; T-18.VI.4:7-8)

Chapitre 3

LA MALADIE, POURQUOI ?

Le véritable rôle du corps

Le Cours met en avant, non pas la guérison du corps, mais la réalisation d'un esprit serein et joyeux. Une fois ceci accompli, il s'ensuivra tout naturellement un corps sain. Cependant, il peut arriver que l'on choisisse de tomber malade afin de pouvoir apprendre plus rapidement une certaine leçon. Par exemple, une femme peut décider que pour en apprendre davantage sur la foi et la confiance en Dieu, aussi bien elle-même que, peut-être, son entourage, elle va créer une maladie qui lui donnera l'occasion de regarder en elle et de découvrir une force intérieure qu'intuitivement elle sait posséder mais dont elle n'a pas encore fait l'expérience. Cette décision de tomber malade sera prise à un niveau de son esprit dont elle n'est d'ordinaire pas consciente. Nombreux sont les exemples de personnes qui, atteintes d'un cancer, ont énormément avancé sur le chemin spirituel en travaillant sur leur maladie et ses conséquences sur leur entourage. Ces personnes vont peut-être mourir de leur cancer, mais la paix intérieure qu'elles ont atteinte signifie que l'esprit a été guéri. Ainsi devons-nous veiller à ne pas tomber dans le piège de juger les autres sur la forme de leur maladie, car nous ne pouvons jamais connaître tous les faits.

Nous allons maintenant étudier plus précisément la maladie provoquée par notre fond de culpabilité. Pour guérir notre corps, nous avons besoin d'un miracle — un renversement de notre perception — car la maladie n'est que l'ombre projetée sur notre corps par la culpabilité qui se trouve dans notre esprit. Jésus sait parfaitement que cela n'a rien d'aisé et qu'un compromis est souvent nécessaire. Comme le déclare le Cours :

> *La maladie a parfois suffisamment d'emprise sur l'esprit pour rendre une personne temporairement inaccessible au Rachat (la correction de nos erreurs). Dans ce cas, il peut être sage d'avoir recours à une approche offrant un compromis entre le corps et l'esprit, où l'on va administrer quelque chose venant de l'extérieur (par exemple un comprimé) qui va temporairement se voir octroyer le pouvoir de guérir. Ceci, parce que la dernière chose qui puisse aider un esprit torturé ou un malade, c'est d'augmenter sa peur.*
>
> (T20; T-2.IV.4:5-7)

Il n'y a ainsi rien de mal à prendre comprimés et potions, à se faire opérer ou à suivre une thérapie. Pour qu'une guérison réelle se produise, cependant, il nous faut traiter la cause qui se trouve dans notre esprit — et non son effet sur le corps. Nous allons donc commencer notre exploration des causes de la maladie par un examen de la fonction réelle du corps (Fig. 3.1).

Kenneth Wapnick compare l'esprit, qui se trouve hors du temps et de l'espace, à un montreur de marionnettes, le rôle de la marionnette étant tenu par le corps et son cerveau. Cette analogie montre très bien la relation entre l'esprit et le corps. Une marionnette ne peut rien faire si le marionnettiste n'actionne pas les ficelles, lesquelles sont normalement cachées au regard.

"Mon corps est une chose entièrement neutre"
(Titre de la leçon 294)

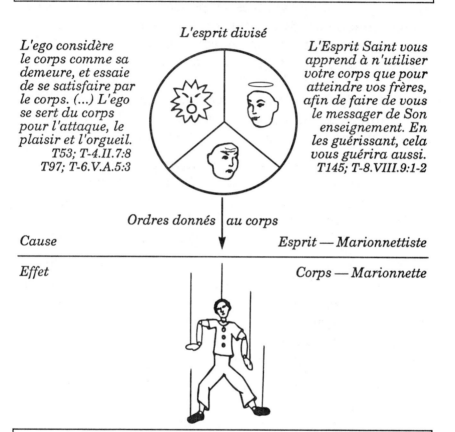

L'esprit divisé

L'ego considère le corps comme sa demeure, et essaie de se satisfaire par le corps. (...) L'ego se sert du corps pour l'attaque, le plaisir et l'orgueil.
T53; T-4.II.7:8
T97; T-6.V.A.5:3

L'Esprit Saint vous apprend à n'utiliser votre corps que pour atteindre vos frères, afin de faire de vous le messager de Son enseignement. En les guérissant, cela vous guérira aussi.
T145; T-8.VIII.9:1-2

Ordres donnés au corps

Cause   *Esprit — Marionnettiste*

Effet   *Corps — Marionnette*

Bien qu'il semble pour une grande part être indépendant et jouir d'une vie propre, le corps ne fait en réalité que réagir aux vœux de l'esprit. Si l'esprit veut l'utiliser pour l'attaque, sous quelque forme que ce soit, il devient la proie de la maladie, de l'âge et de la dégradation. Si au lieu de cela l'esprit accepte l'intention de l'Esprit Saint, il devient un précieux moyen de communication avec autrui, invulnérable tant qu'il reste nécessaire, mais appelé à être doucement mis de côté une fois rempli son office. Le corps par lui-même est neutre, comme toute chose du monde de la perception. Qu'il soit utilisé aux fins de l'ego ou de l'Esprit Saint dépend entièrement de ce que désire l'esprit.   *Preface, "What It Says"*

Figure 3.1

L'illusion est ainsi donnée que la marionnette jouit d'une vie propre. De la même façon, nous nous laissons abuser par les apparences et pensons que notre corps tombe malade ou se rétablit de lui-même. La médecine moderne occidentale a pour seul objet de s'occuper du corps. Bien sûr, tant que nous croyons au corps et aux « lois » qui le « gouvernent », la médecine aura un effet sur les symptômes, mais cela ne nous guérira pas. Si la cause intérieure n'est pas traitée, la maladie reviendra, sous la même forme ou sous une forme apparentée.

> *La santé du corps est totalement garantie car il n'est limité ni par le temps, le climat ou la fatigue, ni par ce que vous mangez et buvez ou toute autre loi que vous lui avez fait servir jusque-là.*
>
> (W252f; W-pI.136.18:3)

Le corps, comme toutes les autres formes de l'univers, est une création du système de pensée de l'ego. Il n'en reste pas moins que nous avons toujours le choix dans notre façon de l'utiliser. En lui-même, le corps est neutre et peut aussi bien servir l'objectif de l'ego que l'intention de l'Esprit Saint.

> *Mon corps, Père, ne peut être Ton Fils. Et ce qui n'est pas créé ne peut être ni coupable, ni innocent ; ni bon, ni mauvais. Fais donc que j'utilise ce rêve pour contribuer à Ton intention, qui est que nous nous éveillions de tous les rêves que nous avons tissés.*
>
> (W435; W-pII.294.2:1-3)

Tant que nous laisserons le corps être la demeure de l'ego, ce dernier l'utilisera pour maintenir la séparation, par le jugement et l'attaque. Cette offensive se manifestera aussi dans le corps sous la forme de la maladie — laquelle, en focalisant notre conscience sur le corps, sert l'objectif de l'ego puisqu'elle donne une réalité au monde et fait passer l'Esprit Saint pour un menteur. Car, allons-nous bien évidemment rétorquer, « Ne me dites pas que ce corps n'est pas réel, la douleur est bien là ! » (Figure 3.2, page suivante)

Si en revanche nous laissons l'Esprit Saint utiliser le corps comme un outil de communication aimant afin de Lui permettre de propager Son message de pardon et d'union, nous connaîtrons la santé. Comme il est dit dans le Cours :

> *L'Esprit Saint voit uniquement le corps comme un moyen de communication et la communication étant partage, il devient communion.*
>
> (T97; T-6.V.A.5:5)

Il est tentant, quand nous souffrons dans notre corps, de prier pour que la douleur disparaisse. Le Cours nous avise cependant de ne pas céder à cette tentation, mais de prier pour apprendre à pardonner, car toutes nos souffrances psychologiques et physiques découlent d'un non-pardon. Quand la haine, l'attaque et la colère de notre esprit seront guéries, leur reflet dans le corps disparaîtra lui aussi.

> *La souffrance est une fausse vision. Quelle que soit sa forme, elle ne fait qu'indiquer que l'on se leurre. Ce n'est pas du tout un fait. Parmi toutes les formes qu'elle peut prendre, il n'en est aucune qui ne disparaîtra pas une fois regardée comme il convient. Car la souffrance proclame que Dieu est cruel. (...) La souffrance signale que les illusions règnent à la place de la vérité. Elle témoigne que Dieu est nié, assimilé à la peur, perçu comme fou et considéré comme un traître envers Lui-même. Si Dieu est réel, la souffrance n'est pas. Si la souffrance est réelle, Dieu n'est pas.*
>
> (W351; W-pI.190.1:1-4, 3:1-4)

Se tenir au sein de l'amour de Dieu ou tisser nos propres rêves

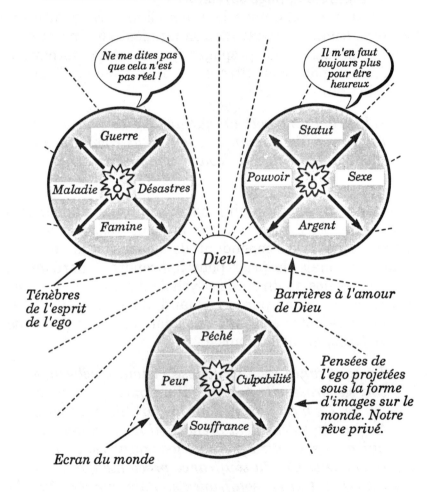

Figure 3.2

Même si nous en avons rarement conscience, c'est notre esprit qui décide de tout. C'est lui qui choisit le moment où va naître le corps, comme celui de sa mort. Le Cours déclare que « ... personne ne meurt sans son propre consentement » (W274; W-pI.152.1:4). Si nous utilisons notre corps pour servir l'Esprit Saint, nous n'éprouverons aucune peur lorsque viendra le moment de l'abandonner. Nous saurons que nous ne sommes pas ce corps et qu'ayant appris toutes nos leçons, nous pouvons le laisser nous quitter.

> *Quand et votre corps, et votre ego, et vos rêves auront disparu, vous saurez que vous êtes éternel. Peut-être pensez-vous que cette éternité sera accomplie par la mort, mais rien n'est accompli par la mort car la mort n'est rien. Tout est accompli par la vie, et la vie appartient à l'esprit et réside dans l'esprit. Le corps ne vit pas, pas plus qu'il ne meurt, parce qu'il ne peut pas vous contenir, vous qui êtes la vie. Si nous partageons le même esprit, vous pouvez vaincre la mort car je l'ai fait.*
>
> (T96; T-6.V.A.1:1-5)

L'histoire qui suit illustre le pouvoir de l'esprit sur le corps. Un soir, on frappa à ma porte. C'était une jeune femme, répondant au nom de Jacqueline, qui avait pris rendez-vous pour une séance de guérison. Elle semblait nerveuse. A ses côtés, se tenait l'amie avec qui elle partageait sa vie, venue pour la soutenir. Jacqueline était si fébrile que son amie dut presque la pousser dans la pièce. A ses propos, il était manifeste qu'elle avait peur de se retrouver seule avec un homme. Le problème était le suivant : elles avaient toutes deux envie d'un enfant, dont Jacqueline serait la mère. Elle essayait l'insémination artificielle depuis un certain temps, mais sans succès. Elle-même médecin, Jacqueline avait été informée par l'un de ses collègues qu'elle avait un « col d'utérus hostile » qui tuait le sperme inséminé. Je pensai quant à moi qu'elle souffrait probablement d'un profond problème de pardon ayant trait aux hommes, qui se réfléchissait dans son corps. Elle en vint à mentionner au cours de notre entretien qu'elle avait d'abord eu des rapports avec des hommes. Mais elle avait été violée à l'âge de vingt ans et cela avait laissé une cicatrice en elle. Avant cela, elle avait été enceinte une fois et avait avorté.

Après la phase de relaxation habituelle, la séance s'orienta sur les sentiments de Jacqueline à propos des hommes. Quand je lui suggérai de travailler à pardonner aux hommes qui l'avaient fait souffrir, elle sentit monter en elle une forte colère. Elle ressentait cette colère dans ses mains, dans ses jambes et au niveau de l'estomac. En même temps, lui était venu un mal de tête. Nous nous mîmes à travailler à accepter ce qui était là, demandant tous deux à être aidés. A sa grande surprise, des souvenirs et des sentiments liés à son avortement, qu'elle avait refoulés, commencèrent à remonter. Jacqueline pensait avoir résolu ce point, mais les souvenirs qui venaient d'être réveillés étaient très vifs. A un certain stade de la séance, elle se mit à ramper autour de la pièce comme un petit enfant. Elle avait le sentiment de donner à ce bébé non voulu la vie qu'elle lui avait refusée.

Elle ressentait désormais une intense culpabilité, qui lui apparut symbolisée par un vautour. Je l'invitai à ne pas en avoir peur et à essayer de l'accepter. Le vautour finit par se dissoudre progressivement tandis qu'elle le regardait sans le rejeter et avec amour. Jacqueline fut alors traversée par une perception fulgurante, s'écriant « Mais je peux concevoir — je l'avais oublié ! » Dans son imaginaire, elle vit cette énergie de conception se répandre dans son ventre tandis que l'obscurité le quittait. A ses yeux, cela symbolisait son pardon d'elle-même. A la fin de la séance, Jacqueline voulut me serrer dans ses bras, malgré une appréhension due à ses sentiments ambivalents à mon égard, puisque j'étais aussi un homme. Elle me tint contre elle un bref instant, sur la réserve mais heureuse de voir qu'elle pouvait de nouveau toucher un homme. Le lendemain, elle me signala une certaine douleur au bas de l'abdomen, que j'interprétai comme un signe positif indiquant que quelque chose était en train de changer en elle. Elle me dit aussi qu'elle s'entraînait, en imagination, à serrer des hommes dans ses bras.

Quelques mois plus tard, je reçus une lettre. Jacqueline avait repris l'insémination artificielle et s'était arrangée pour rencontrer le donneur de sperme, avec qui elle était allée au restaurant. Elle avait pris conscience de la nécessité de se défaire de sa haine des hommes car c'était cela, sentait-elle, que réfléchissait son « col d'utérus hostile ». Elle terminait sa lettre en m'informant qu'elle était enceinte. Quelques mois plus tard, elle m'envoya une photo d'elle avec sa partenaire et leur tout nouveau bébé.

Le livret *Psychotherapy* enseigne qu'il existe une corrélation entre la forme de la maladie dans le corps et la forme du non-pardon dans l'esprit.

La maladie revêt de nombreuses formes, et il en est de même pour le non-pardon. La forme de l'une ne fait que reproduire la forme de l'autre, car il s'agit de la même illusion. L'un est si étroitement converti en l'autre qu'un examen attentif de la forme prise par la maladie désignera clairement quelle forme de non-pardon elle représente. Voir cela ne produira cependant pas la guérison. La guérison ne peut être accomplie que par une seule reconnaissance : celle que seul le pardon guérit un non-pardon, et que seul un non-pardon peut susciter une maladie, sous une forme ou une autre. Cette prise de conscience constitue le but final de la psychothérapie.

(P13; P-2.VI.5.6:1)

Il peut être très utile pour certaines personnes de voir ce lien entre l'esprit et le corps. Mais si cette perception n'est pas suivie du pardon, il n'en résultera aucune guérison.

J'ai vu des gens découvrir un souvenir refoulé douloureux, et s'en servir uniquement pour justifier leur attaque de la personne jugée responsable. Car selon l'ego, nos problèmes actuels sont dus à des événements du passé, et nous avons bien raison de nous comporter comme nous le faisons.

Pour l'Esprit Saint, le passé n'existe pas, car seul le moment présent est réel, et notre détresse d'aujourd'hui est due à une décision que nous prenons dans le présent. Par notre décision de rester une victime forte de son bon droit, nous évitons de nous confronter au fait que nous sommes responsable de tout ce que nous ressentons. Personne ne peut nous ôter notre paix, hormis nous-même.

C'est comme si chaque matin au réveil, nous mettions en route un magnétophone intérieur qui nous énonce tous les souvenirs douloureux de notre passé. Jour après jour, nous écoutons cette cassette, renforçant ainsi notre sentiment d'être une victime. Il est difficile de voir que c'est notre décision du moment présent qui entretient notre maladie, et non notre passé de traumatismes et de blessures. Cette écoute constamment renouvelée de notre passé fait paraître notre ego très réel et nous interdit la conscience de l'Esprit Saint. Comme le dit le Cours :

> *Toutes les formes de maladie, et jusqu'à la mort elle-même, sont des expressions physiques de la peur de s'éveiller. »*
>
> *(T146; T-8.IX.3:2)*

Pourquoi choisir la maladie ?

Au premier abord, il semble insensé que nous puissions avoir envie d'être malade. Le Cours indique cependant que l'ego attribue une valeur à la douleur. La douleur rend le corps — et donc l'ego — réel.

> *La maladie est un isolement. Car elle semble vous tenir à l'écart de tout le reste, à ressentir cette douleur que les autres ne ressentent pas. Elle donne au corps le pouvoir ultime de rendre la séparation réelle, et de maintenir l'esprit dans une prison solitaire, divisé et mis en pièces par une solide muraille de chair meurtrie qu'il ne peut vaincre.*
>
> (W254; W-pI.137.2)

La leçon 136, intitulée « La maladie est une défense contre la vérité », décrit la façon dont l'ego cherche à se protéger en nous conseillant de tomber malade si la vérité vient à trop se rapprocher de nous. Par exemple, vous vous trouvez peut-être à un moment de votre vie où vous ressentez la nécessité de mettre fin à une relation. Vous avez appris toutes les leçons que renfermait cette relation et cette séparation vous semble naturelle ; et comme c'est pour votre plus grand bien, cela doit l'être aussi pour votre partenaire. Mais votre partenaire n'est pas forcément d'accord et est terrorisé à l'idée de vous perdre. L'opportunité de croissance ainsi offerte est considérée comme une menace et votre partenaire peut très bien choisir la maladie pour se « défendre contre la vérité ». L'attention est brusquement transférée sur l'effet (le corps) et écartée de la cause (l'esprit). Le problème s'est déplacé et la « menace » de progression spirituelle a été supprimée. L'ego de votre partenaire va aussi lui souffler que sa maladie est provoquée par un individu ou une chose du monde qui l'entoure.

Dans notre exemple, vous êtes de toute évidence un responsable tout trouvé !

Notre langage regorge d'expressions indiquant que ce n'est pas nous qui avons créé notre souffrance, mais les autres, et disant à Dieu qu'eux méritent d'être punis, mais pas nous. « Tu me rends malade », « Tu me pompes l'air », « Tu m'énerves », « Tu me fais faire de la bile », ne sont que quelques exemples d'expressions courantes visant à rejeter la culpabilité sur l'autre. Dans l'extrait qui suit, le Cours dépeint avec éloquence le besoin qu'a notre ego d'apparaître comme l'innocente victime de causes extérieures à notre esprit :

> *Votre maladie et votre souffrance ne font que représenter la culpabilité de votre frère ; ce sont le témoin que vous dépêchez afin qu'il n'oublie pas les offenses auxquelles il s'est livré et qui, jurez-vous, ne resteront certes pas impunies. Cette image de vous, désolée et malade, vous l'acceptez, pourvu qu'elle puisse servir à le punir. Les malades sont sans merci et, par la contagion, cherchent vraiment à tuer. La mort semble un prix bien léger, si seulement elle leur permet de dire « Regarde-moi, mon frère, par ta main je meurs. » Car la maladie témoigne de sa culpabilité, et la mort lui prouverait que ses erreurs ne peuvent être que des péchés. La maladie n'est qu'une « petite mort » ; une forme de vengeance pas encore totale.*

> (T525f; T-27.I.4:3-8)

Les propos de ce paragraphe sont également liés à une section ultérieure du Texte intitulée « Concept de soi contre Soi » (T610; T-31.V), qui décrit les deux visages que nous cultivons vis-à-vis du monde. Ces deux visages, nous les créons au fur et à mesure que nous grandissons, et ils n'ont absolument rien à voir avec

"La maladie est une défense contre la vérité"
(Titre de la leçon 136)

La maladie est une décision. Ce n'est pas quelque chose qui vous arrive, que vous n'avez absolument pas voulu, qui vient vous affaiblir et vous faire souffrir. C'est un choix que vous faites, un plan que vous mettez en place, lorsque pour un instant la vérité jaillit dans votre esprit abusé et que tout votre monde semble chanceler, sur le point de s'écrouler. Et maintenant vous voilà malade, afin que la vérité puisse s'éloigner et ne plus menacer vos repères.　W251; W-pI.136.7

Figure 3.3

notre nature de Christ. Le premier est un visage public d'innocence, facilement ému par ce qu'il considère comme une injustice, à savoir la souffrance et la maladie qui règnent en ce monde. Nous nous identifions fortement à ce concept de nous-même car il dissimule notre culpabilité vis-à-vis de ce qui réside plus profondément en nous. Ce visage-là « ... croit qu'il est bon au sein d'un monde mauvais » (T610; T-31.V.2:9). Il trouve mal d'agresser autrui mais si la situation « l'exige », le visage de l'innocence attaquera, par «légitime défense». Ce visage n'a pas encore compris que les situations ne peuvent pas enfanter l'attaque, mais seulement révéler la haine qui existe déjà dans notre esprit.

Sous ce visage de victime innocente, se dissimule celui du bourreau. Nous veillons à ne pas regarder ce second visage, qui est profondément enfoui en nous. Car il nous dit « ... Je suis ta chose, vois ce que tu as fait de moi ; et en me regardant, tu te trouves condamné pour ce que je suis » (T611; T-31.V.5:3). C'est lui qui a besoin de trouver des personnes sur lesquelles il pourra projeter sa culpabilité et ainsi, préserver son innocence. Pour l'ego, n'importe qui fait l'affaire pour projeter sa culpabilité cachée.

Tandis que nous serons occupé à rechercher la cause de notre culpabilité dans le monde, nous ne nous interrogerons jamais sur le bien-fondé, ou non, du système de pensée de l'ego. C'est pourquoi la maladie est si utile à l'ego. Même si nous n'en avons pas conscience, lorsque nous tombons malade, notre second visage pointera toujours un doigt accusateur sur quelqu'un ou quelque chose, lui imputant la responsabilité de notre maladie. Ce visage veut voir des catastrophes dans le monde, des agressions, des accidents, de façon à justifier son sentiment d'être une victime innocente. Une histoire que m'a racontée un ami illustre bien cela.

Suzanne sillonnait le monde depuis des années. Chaque fois qu'elle prenait l'avion, elle était terrorisée quand l'appareil rencontrait une turbulence, même si celle-ci était minime. Cela faisait des années qu'elle cherchait à résoudre ce problème, elle avait demandé de nombreux avis et tout essayé, ou presque. Elle était désespérée, car sa peur des turbulences n'avait fait qu'empirer. Puis Suzanne découvrit le Cours et cette fois, au moment d'une turbulence, elle rentra profondément en elle-même et demanda à Jésus de l'aider à comprendre pourquoi elle avait si peur. La réponse fut instantanée, et très claire : « Tu veux que cet avion s'écrase — la victime qui est en toi va aussi loin que cela. » A l'instant même où elle entendit cette réponse, devait par la suite raconter Suzanne, elle sut que c'était vrai.

Elle a toujours peur en avion et a conscience de ne pas encore être prête à lâcher prise, mais maintenant elle comprend qu'elle utilise cette peur pour se préserver de l'amour de Jésus.

Ce désir d'être une victime ne fait qu'accroître notre culpabilité et renforcer notre croyance dans l'ego. Nous choisirions volontiers de mourir d'une maladie, nous dit le Cours, dans l'espoir que cela amène quelqu'un d'autre à se sentir coupable. Il n'est pas une extrémité devant laquelle reculerait notre ego pour que nous puissions paraître innocent — aux dépens d'une autre personne. A cette absurdité, voilà ce que répond l'Esprit Saint : « Préfères-tu avoir raison, ou être heureux ? » (T573; T-29.VII.1:9) Avoir raison, c'est rendre réelle l'idée de séparation créée par l'ego et souffrir de ce qu'impliquent la solitude et la peur. Avoir « tort », c'est remettre en question la croyance qui fait de nous une victime innocente et commencer à regarder, avec l'aide de l'Esprit Saint, les illusions qui emplissent notre esprit.

Nous avons beau essayer de toutes nos forces de nous débarrasser de notre sentiment de culpabilité en trouvant d'autres personnes sur qui le projeter, au tréfonds de nous-même nous ne sommes pas totalement convaincu que cela va fonctionner : Dieu finira bien par nous retrouver et réclamer le châtiment qui nous revient. Une fois de plus, l'ego nous dit que la maladie présente un intérêt, car elle peut servir à nous protéger de la colère de Dieu ; en effet, explique le Cours, « L'ego croit qu'en s'infligeant lui-même une punition, il tempérera le châtiment de Dieu » (T78; T-5.V.5:6). Nous savons bien que nous sommes un pécheur, disons-nous ainsi à Dieu, et nous allons nous punir en n'acceptant qu'un tout petit peu de bonheur dans cette vie et en tombant malade. Nous espérons qu'ainsi Dieu se satisfera de notre pénitence et renoncera à nous punir, car Son châtiment nous détruirait.

Du point de vue de l'Esprit Saint, tout cela n'est que le raisonnement égaré d'une personne plongée dans un cauchemar. Aucun péché n'a été commis, car il ne s'est en réalité rien passé dans notre rêve absurde de séparation. Bien que tout cela nous paraisse douloureusement réel, l'Esprit Saint a une autre perspective à nous offrir, que nous étudierons dans les chapitres suivants.

Mais l'ego ne peut qu'attaquer tout désir de croissance spirituelle, car c'est là la seule méthode qu'il connaisse pour se préserver. Il va donc nous avertir que cette voie est dangereuse et finira par nous conduire à notre perte. Nous désirons rentrer chez nous ? Mais cela est impossible, répond l'ego, car nous avons détruit notre maison et ne retrouverons à la place qu'un Dieu furieux. La parabole du fils prodigue racontée par Jésus en constitue une parfaite illustration — et c'est notre histoire à tous. Nous n'en pouvons plus de vivre dans un taudis, mais nous avons peur de revenir à la maison. Et quand enfin nous prenons notre courage à deux mains et rentrons chez nous, c'est pour trouver un banquet qui nous attend et un Père aimant.

Le récit qui suit montre aussi bien notre peur et notre résistance sur le chemin spirituel, que l'aide qui est toujours là pour nous.

Paul venait pour la première fois à la Fondation Findhorn et s'était inscrit à l'atelier d'initiation. Ce programme d'une semaine, qui a pour but de présenter la Fondation aux nouveaux venus, comporte un après-midi de jeux et exercices de groupe. Dans l'un de ces exercices, les participants se mettent par deux et doivent, chacun leur tour, déplier leur partenaire qui se tient recroquevillé sur le sol. Une telle expérience — permettre à quelqu'un d'autre de vous déployer avec douceur et amour pour vous libérer d'une posture de défense et de protection — peut se révéler poignante. Paul, lui, ressentit une sensation dans la région pelvienne, comme si une énergie depuis longtemps confinée dans cette zone était soudain libérée. Quand cette force atteignit son estomac, il décida de mettre fin au processus et l'énergie resta bloquée là.

Deux semaines plus tard, Paul sollicita un entretien. Depuis cet exercice, me dit-il, il se sentait coincé, comme s'il était constipé, et il savait qu'il avait bloqué quelque chose en lui ce jour-là. Cela lui rappelait un sentiment plus profond, celui de se sentir bloqué et inhibé dans sa vie en général. Agé d'environ dix-huit ans, Paul était d'une nature sensible et attentionnée. Tandis qu'il me parlait, je perçus qu'une part de lui-même le retenait de vivre pleinement sa vie. Ses sentiments sur sa présence sur cette planète et le sens de la vie étaient ambigus. L'entretien se transforma en séance de guérison.

Au cours de la phase de relaxation, il se recroquevilla et reprit spontanément la position fœtale qu'il avait adoptée durant l'exercice, deux semaines plus tôt.

Il était revenu au moment de sa naissance, déclara-t-il. En revivant cette naissance, il discerna une résistance intense face à sa venue au monde. C'est à ce moment-là qu'il avait décidé de résister à ce monde et à ce qu'il représentait.

Paul n'avait pas réalisé qu'il était tombé dans le piège de « rendre le faux, réel » et que ce qu'il écoutait, c'était la voix de l'ego. Face à ce qu'il percevait comme un monde hostile et cruel, il était prêt à abandonner ce pour quoi il était venu et à renoncer aux leçons qu'il avait choisi d'apprendre. Paul avait eu peur de s'ouvrir à cette expérience et décidé de chercher à protéger sa nature sensible en se refermant psychologiquement.

Je comprenais aisément ce qu'il disait, car je me retrouvais beaucoup dans ses propos. Le livret *Psychotherapy : Purpose, Process and Practice* souligne en effet que le thérapeute attire les patients dont il a lui-même besoin pour guérir, car tous deux vont travailler sur les mêmes sujets, quoique différents dans leur forme (voir section « *The Ideal Patient-Therapist Relationship* »).

Puis Paul déclara qu'une présence était apparue et lui avait conseillé de changer d'avis et de faire ce pour quoi il était venu sur terre. Cela lui avait été dit au moment même où il s'était bloqué, quand il revivait sa naissance, blocage qu'il avait reproduit deux semaines auparavant durant l'exercice. Mais maintenant, Paul était prêt à lâcher prise et à s'abandonner à la volonté de Dieu. Comme il relâchait sa censure, il sentit immédiatement l'énergie bloquée commencer à monter dans son corps. Il se sentit aussi bien plus à l'aise dans ce corps, notamment au niveau des jambes. A ce stade, il éclata en sanglots. Après la séance, nous sommes allés marcher ensemble. Nous percevions tous deux le changement qui s'était opéré en lui. Il était plus vivant, comme dynamisé, et ne se tenait plus sur ses gardes.

Accepter que la maladie est une décision de l'esprit, prise pour remplir un objectif en se servant du corps, constitue le fondement de la guérison. Et cela s'applique à la guérison sous toutes ses formes. Un patient décide qu'il en est ainsi, et il guérit. S'il choisit de ne pas guérir, il ne sera pas guéri. Qui est le médecin ? Uniquement l'esprit du patient lui-même. L'issue sera telle qu'il en aura décidé. Des agents extérieurs spécifiques (comprimés, médecins, remèdes divers...) semblent lui apporter leurs soins, mais ceux-ci ne font que donner une forme à ses désirs. C'est cela qu'ils font, et rien d'autre. En réalité, ils ne sont absolument pas nécessaires. Le patient pourrait tout simplement se lever sans leur aide et dire « Je n'ai que faire de cela. » Il n'est pas une forme de maladie qui ne serait immédiatement guérie.

(M17; M-5.II.2)

Dieu ne pardonne pas car il n'a jamais condamné. Or il doit y avoir condamnation pour que le pardon soit nécessaire. Le pardon est ce dont le monde a le plus besoin, mais seulement parce qu'il s'agit d'un monde d'illusions. Ceux qui pardonnent se libèrent ainsi des illusions, tandis que ceux qui refusent de pardonner s'enchaînent à eux-mêmes. Ne condamnant que vous-même, vous ne pouvez que pardonner à vous-même.

Extrait de *A Course in Miracles*
(W73; W-pI.46.1)

Chapitre 4

NOTRE PROPRE GUÉRISON

Si nous décidons de suivre l'avis de l'ego et de tomber malade, nous nierons dès l'instant suivant avoir pris une telle décision. Personnellement, je me souviens très nettement d'un jour où j'ai pris conscience de ce choix qui m'était offert — tomber malade ou non.

Alors que je parlais à un groupe, je notai les signes avant-coureurs d'un rhume. Je pensai donc qu'il me faudrait aller prendre quelque remède, mais j'entendis immédiatement une « voix » me dire : « Attention ! Si tu fais cela, ton rhume pourrait bien s'en aller... » Ce fut un choc de découvrir qu'une partie de moi-même désirait ce rhume. Je pouvais aussi voir les « avantages » que me procurerait cette maladie. Je me voyais déjà pelotonné bien au chaud dans mon lit, avec une pile de bons livres que je n'avais jamais trouvé le temps de lire. Cela me donnerait également l'occasion de souffler un peu et de me reposer de ce que je considérais comme une lourde charge de travail. Je déterminai de décider délibérément si j'allais tomber malade ou non. Me saisissant de mon agenda, je passai en revue les rendez-vous prévus pour les jours suivants. Je m'aperçus alors que plutôt que de me mettre au lit, et en dépit de tout l'attrait des livres qui m'attendaient, je désirais maintenir ces rendez-vous ! Les jours suivants, je ressentis quelques légers symptômes de rhume, mais sans que cela nuise à mon travail. Selon la terminologie du Cours, j'avais choisi le miracle. Cela m'avait permis d'abandonner le système de pensée de l'ego qui faisait de moi une victime des circonstances et à la place, de regarder la situation par les yeux de l'Esprit Saint et de me pardonner. La Figure 4.1 ci-contre illustre la façon dont le décideur opère toujours un choix quant à sa façon de regarder le monde.

Nous commençons par « regarder » dans notre esprit, puis projetons ce que nous y trouvons sur les circonstances du monde. Pour pardonner, à nous-même comme à autrui, il nous faut choisir de regarder par les yeux de l'Esprit Saint, et non par le système de pensée de l'ego.

Un soir, peu avant de nous endormir, Salice et moi nous sommes disputés. Mon ego me dit que j'avais été injustement traité et devrais couper avec elle, en cessant de communiquer. Apparemment, l'ego de Salice lui avait donné le même conseil car maintenant, aucun de nous deux ne parlait à l'autre ! Je me levai et me rendis à la salle de bains. Là, je vis un paquet de cartes reprenant les leçons du Manuel de travail et ressentis l'impulsion d'en prendre une. La leçon en question avait pour titre : « Je pourrais voir de la paix au lieu de cela » (leçon 34). J'enregistrai le sens de cette phrase et simultanément, une autre phrase du Cours me revint à l'esprit : « Préférez-vous avoir raison, ou être heureux ? » (T573 ; T-29.VII.1:9) Je considérai les deux options pendant un moment, puis décidai : « Je préfère avoir raison », et reposai la carte. Malheureux comme les pierres mais fort de mon bon droit et jugeant ma souffrance justifiée, je retournai me coucher en silence et m'endormis.

Au réveil, le lendemain matin, je me sentais séparé de Salice, tout comme elle de moi. En entrant dans la salle de bains, je me souvins avoir lu la carte d'une

"La projection crée la perception"

« *Le monde ne fait que refléter notre propre cadre de références intérieur — les idées dominantes, souhaits et émotions qui se trouvent dans notre esprit. "La projection créée la perception." Nous commençons par regarder en nous-même, décidons quel type de monde nous voulons voir puis projetons ce monde à l'extérieur, le rendant vrai tandis que nous le regardons. Nous le rendons vrai par nos interprétations de ce que nous voyons.* ./.

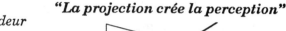

Décideur

"La projection crée la perception"

L'esprit
de l'ego

*Le monde de victimes
et bourreaux de l'ego*

« *Si nous utilisons la perception pour justifier nos propres erreurs — notre colère, nos pulsions agressives, notre manque d'amour sous toutes ses formes — nous verrons un monde mauvais, fait de destruction, de méchanceté, d'envie et de désespoir.* ./.

Décideur

"La projection crée la perception"

L'esprit
de l'Esprit
Saint

*Le monde de l'Esprit
Saint, peuplé d'êtres
qui propagent l'amour
ou demandent de l'amour*

« *Nous devons apprendre à pardonner tout cela, non parce que nous serions "bon" ou "charitable", mais parce que ce que nous voyons n'est pas vrai. Ayant faussé ce monde par nos défenses tortueuses, nous voyons quelque chose qui ne s'y trouve pas. En apprenant à reconnaître nos erreurs de perception, nous apprenons aussi à regarder au-delà d'elles, à les "pardonner". En même temps, nous nous pardonnons à nous-même, regardant au-delà de nos concepts faussés de nous-même pour voir le Soi que Dieu a créé en nous et en tant que nous.* »
A Course in Miracles, Preface, "What It Says"

Figure 4.1

leçon la veille au soir. Par curiosité, je relus le titre : « Je pourrais voir de la paix au lieu de cela », et me souvins du choix qui s'offrait à moi — avoir raison ou être heureux. J'eus envie de partager tout cela avec Salice. Je la trouvai assise à la table du petit déjeuner, silencieuse ; je m'assis près d'elle. « Je voulais te dire, commençai-je, que de mon côté, je ne gère pas très bien cette dispute. » A ces mots, Salice fondit en larmes et nous avons alors commencé à partager franchement ce que chacun de nous avait ressenti.

Chacun a ainsi pu comprendre la peur de l'autre, et nous nous sommes rapidement retrouvés dans un état d'ouverture, d'attention et de tendresse réciproques. Selon les termes du Cours, nous nous étions ré-unis et avions trouvé la paix. Dans ces moments-là, je me demande toujours pourquoi je choisis d'avoir raison et non pas d'être heureux. Mais je sais aussi qu'il me faut maintenant moins longtemps avant de pardonner. Ce qui jadis m'aurait hérissé pendant des jours peut maintenant ne durer que quelques heures. Je sais également que certains sujets qui par le passé m'auraient fait souffrir, aujourd'hui ne m'affectent plus. Notre progression sur le chemin spirituel peut se mesurer au nombre de journées passées à écouter l'ego par rapport à celles où nous avons écouté l'Esprit Saint.

Un jour, seul l'Esprit Saint emplira notre esprit et il n'y aura plus alors ni choix ni tentation, car il n'y aura plus deux voix entre lesquelles choisir. Le décideur aura disparu avec l'ego, et l'Esprit Saint emplira notre esprit de la sagesse et de l'amour de Dieu. Nous saurons tout naturellement quoi faire d'instant en instant. C'est là tout l'objectif du Cours, qui présente cet état comme étant le monde réel. Pour y parvenir, nous devons pratiquer le pardon, encore et encore, jusqu'au moment où enfin nous verrons qu'il n'y a rien à pardonner.

Pardonnez au monde, et vous comprendrez que rien de ce que Dieu a créé ne peut avoir une fin, et que rien de ce qu'Il n'a pas créé n'est réel. La totalité de cet enseignement est résumée dans cette seule phrase. Par cette seule phrase notre pratique reçoit une seule et unique direction. Et dans cette seule phrase tout le programme de l'Esprit Saint est stipulé totalement et précisément.

(M50; M-20.5:7-10)

Comment pardonner ?

Il est impossible de pardonner à quelqu'un d'autre, car ce ne sont que vos péchés que vous voyez en lui. Vous voulez les voir là, et non pas en vous. C'est pourquoi le pardon d'autrui n'est qu'une illusion.

(S10; S-2.I.4:2-4)

Nous ne pouvons entamer le processus du pardon qu'à partir du moment où nous voyons combien nous sommes semblable à celui à qui nous désirons pardonner. A l'inverse, quand nous ne pouvons pas pardonner à quelqu'un, c'est parce que nous sommes incapable de nous pardonner ce même problème, bien que celui-ci puisse prendre une autre forme. Par exemple, une femme ne supportera pas les explosions de colère de son mari, elle-même ne se laissant jamais aller à de tels éclats. Mais si cette femme n'aime pas les emportements de son mari, c'est parce qu'ils lui renvoient sa propre colère non pardonnée. Sa colère à elle est en effet tout aussi forte, mais se manifeste sous une autre forme : quand elle se sent irritée, cette femme va peut-être se replier sur elle-même et se couper émotionnelle-

ment de ceux qui l'entourent, gommant ainsi sa colère ;
ou bien elle va exprimer agressivement son courroux
lorsqu'elle se retrouve seule — comme nous sommes
nombreux à le faire quand un autre automobiliste
change de file sans prévenir ou freine brusquement ; là,
bien à l'abri dans l'intimité de notre voiture, nous ne
nous privons guère de vociférer ou de traiter ce grossier
personnage de tous les noms !

Le pardon reconnaît que ce qui nous a été fait (selon
notre vision), c'est nous, en réalité, qui nous le sommes
fait à nous-même, car nous sommes la seule personne à
pouvoir nous déposséder de la paix de Dieu. Nous pardonnons aux autres ce qu'ils ne nous ont pas fait, non ce
qu'ils nous ont fait, enseigne le Cours, et le vrai pardon
reconnaît dans une attaque une demande d'amour. Le
pardon constitue donc un renversement de notre perception. Notre seul problème réside dans notre croyance
en la séparation d'avec Dieu ; notre seule guérison
réside dans une ré-union par le pardon.

Les trois stades du pardon

Kenneth Wapnick a identifié dans le Cours trois
stades, ou étapes, sur la voie du pardon. Cette classifi-
cation est fort utile pour comprendre la nature du vrai
pardon.

Tout d'abord, nous devons ramener à nous ce que
nous avons projeté sur le monde et assumer la responsabilité de notre souffrance (Figure 4.2 ci-contre). Il
nous faut cesser de pointer sur les gens et les situations
ce doigt accusateur qui leur reproche de nous avoir
blessé, et voir que ce ne sont que des miroirs qui nous
renvoient ce que nous n'avons pas guéri et pardonné en

nous-même. En fait, ces personnes et ces situations méritent d'être remerciées pour nous avoir montré ce qui se trouve dans notre inconscient. Sans elles, nous ne verrions pas les forces qui nous gouvernent.

Figure 4.2

Le secret du salut est simple : tout ce qui « vous arrive », c'est vous-même qui vous le faites. Quelle que soit la forme de l'attaque, ceci est toujours vrai. Quelle que soit la personne qui tient le rôle de l'ennemi et de l'agresseur, ceci est encore la vérité. Quelle que soit la cause apparente de votre douleur ou de votre souffrance, ceci est encore et toujours vrai. Car dans un rêve, et sachant que vous rêvez, vous ne réagiriez pas à tous ces personnages. Laissez-les se montrer aussi vindicatifs et aussi vicieux que possible ; ils ne peuvent avoir aucun effet sur vous, sauf si vous n'avez pas reconnu qu'il s'agit de votre rêve.

(T545 ; T-27.VIII.10)

Nos attaques ne se limitent pas aux personnes qui ne se comportent pas « comme il faudrait » et agissent manifestement à partir de leur ego. Nous sommes également capables d'attaquer des êtres qui ne nous ont rien fait. Récemment, j'ai regardé à la télévision un documentaire sur la vie de Mao Tsé-Toung. Au moment de la révolution culturelle, il incita les classes ouvrières à rechercher et persécuter les figures d'autorité. Dans un certain village, les habitants se trouvèrent confrontés à un grave problème : ayant déjà tué le seigneur du village plusieurs années auparavant, comment allaient-ils pouvoir obéir ? Le documentaire précisait que les paysans avaient tué plus d'un million de notables après l'arrivée de Mao au pouvoir. Mais les villageois se souvinrent que le seigneur avait un fils. Bien que celui-ci n'ait occupé aucune fonction de pouvoir ou d'autorité dans le village, vivant comme l'un d'entre eux, ils allèrent le chercher et le torturèrent jusqu'à ce que mort s'ensuive.

Cette anecdote illustre nettement le besoin de notre ego de trouver la faute à l'extérieur de nous-même.

Nous voulons trouver le péché dans le monde, de façon à avoir quelque chose sur quoi accrocher nos projections. Si nous regardions pleinement le système de pensée de l'ego et son absurdité, nous ne lui obéirions plus. C'est parce que nous ne regardons pas profondément en nous que l'ego peut se perpétuer ; et comme il le sait, il nous exhorte à rechercher la cause de notre détresse dans le monde. Le Cours nous rappelle que « ... pour l'ego, les innocents sont coupables » (T224; T-13.II.4:2). Usurper le pouvoir de Dieu, détruire le Ciel et remplacer la création de Dieu, tout cela est un péché : nous devons nous sentir coupable. Ne pas éprouver de culpabilité revient à invalider l'ego et lui dire que sa création est une illusion. Si, comme Jésus, nous ne nous croyons pas coupable, nous commettons là le plus grand péché possible contre l'ego, péché qui à ses yeux mérite la mort. C'est pourquoi Jésus a été tué, bien qu'il n'ait fait de mal à personne.

L'ego nous incite à attaquer tout le monde, que ces personnes nous aient ou non attaqué. Il faut que nous voyions le péché dans le monde, pour ne pas avoir à nous interroger sur le système de pensée de notre ego. C'est pourquoi nos journaux et nos informations télévisées regorgent de mauvaises nouvelles. C'est cela que nous voulons lire et voir, de façon à pouvoir dire : « Ce sont eux les méchants, pas moi. Ce sont eux qui méritent le châtiment de Dieu, pas moi. Ce sont eux qui provoquent la souffrance dans le monde, pas moi. »

Toutefois, en recherchant activement des ennemis au-dehors, nous renforçons la culpabilité tapie dans notre esprit, bouclant le cercle vicieux de culpabilité et d'attaque de l'ego (voir Fig. 2.3, p. 71). Il est si difficile de sortir de ce piège que sans l'aide de l'Esprit Saint, nous ne pourrions jamais y parvenir. Mais avant que l'Esprit Saint puisse guérir notre esprit, il nous faut d'abord découvrir ce qui a besoin d'être guéri. Si nous

pensons que le problème se trouve dans le monde et
non en nous, l'Esprit Saint ne peut rien pour nous.

Cependant, quand nous découvrons qu'il n'y a rien
ni personne à blâmer « dehors » et que le problème se
situe en nous, un nouveau piège nous attend : nous
allons généralement culpabiliser — et cela, parce que
nous prenons la décision d'écouter notre ego, lequel a
une très mauvaise opinion de nous. Nous devons nous
sentir coupable pour nos péchés, insiste l'ego qui tient
à ce que nous prenions au sérieux le monde de la séparation. Il est très facile de tomber dans le piège du
jugement tendu par l'ego. Or la culpabilité appelle le
châtiment, et cette pensée nous empêche de nous libérer de notre souffrance. Pour l'ego, peu importe que
nous rejetions la cause de notre malheur sur le monde
ou sur nous-même : dans les deux cas, nous renforçons
notre croyance dans son système de pensée, assurant
ainsi sa pérennité — et c'est là tout ce qui lui importe.

A la seconde étape du pardon (Figure 4.3 ci-contre)
nous commençons à voir combien nous sommes attaché
à notre culpabilité. Lorsque nous commençons à rompre
avec notre statut de victime, nous avons véritablement
l'impression de nous immoler et nous allons vouloir nous
accrocher à notre colère, notre jalousie ou notre envie.

La culpabilité a beau être douloureuse, nous la
connaissons bien et nous la préférons à la responsabilité accrue qui nous incombera lorsque nous perdrons
notre attachement à la victime. A ce stade, nous pouvons choisir de décider que la culpabilité ne nous sert
plus et que nous voudrions la voir disparaître. Mais
nous sommes tellement identifié à notre faux moi, notre
ego, que nous ne savons pas comment nous défaire de
notre culpabilité. A titre d'exemple, imaginons un couple dont la femme reproche au mari d'être jaloux.

La deuxième étape du pardon

Figure 4.3

La femme est irritée contre son mari, elle ne supporte pas son tempérament jaloux. Le mari nie, affirmant que ses soi-disant crises de jalousie ne sont que des manifestations d'amour. La femme est exaspérée par la possessivité de son époux, mais inconsciemment cela lui plaît et la flatte car elle voit une preuve d'amour dans ce besoin maladif qu'il a d'elle. Un jour, le mari découvre que ce sont ses propres pensées d'insécurité qui suscitent sa jalousie et que sa femme n'est pas la cause de son chagrin. Il voit aussi que s'il se pardonne et laisse sa jalousie s'en aller, sa femme risque de penser qu'elle a perdu son « amour », et que cela pourrait bien mettre fin à leur relation. Là, son ego va s'engouffrer dans la brèche et lui conseiller de rester jaloux afin de ne pas tout perdre.

Le mari se retrouve maintenant devant un grave dilemme car à ses yeux, permettre à sa jalousie de s'en aller équivaut à signer son arrêt de mort. Ce deuxième stade du pardon peut être plus difficile à franchir que la prise de conscience requise à la première étape. Si malgré tout cet homme choisit d'écouter l'Esprit Saint, il comprendra que la guérison de sa jalousie le fera progresser vers la paix. Sa femme le quittera peut-être, mais il aura préparé la voie pour rencontrer désormais des personnes qui ne confondent pas jalousie et amour.

Même mitigé, notre désir de changer, de convertir notre perception, ouvre la voie à la troisième étape du pardon. A ce dernier stade, nous permettons à l'Esprit Saint de dissoudre notre culpabilité, par Sa lumière et Sa paix. La prière ci-dessous, que le Cours nous exhorte à utiliser chaque fois que nous ne sommes pas joyeux, contient les trois étapes du pardon.

> *J'ai dû prendre la mauvaise décision, car je ne suis pas en paix.*
> *C'est moi qui ai pris cette décision, mais je peux aussi en prendre une autre.*
> *Je veux prendre une autre décision, car je désire être en paix.*
> *Je ne me sens pas coupable, car l'Esprit Saint effacera toutes les conséquences de cette décision erronée si je le Lui permets.*
> *Je choisis de m'abandonner à Lui, en Le laissant décider pour Dieu pour moi.*
>
> (T83; T-5.VII.6:7-11)

Les deux premières phrases de cette prière décrivent la première étape du pardon, nous invitant à assumer ce que nous ressentons. Si la paix nous a quitté, c'est parce que nous nous en sommes privé, non parce qu'on nous en a dépossédé. La troisième phrase renvoie à la deuxième étape du pardon : la décision a été prise de voir nos péchés comme des erreurs qui peuvent être corrigées. A ce stade, nous cessons d'écouter ce que nous dit l'ego — nous sommes coupable et méritons d'être puni — et choisissons à la place de faire guérir nos erreurs. La dernière phrase de la prière décrit comment l'Esprit Saint va venir guérir notre esprit dès que nous L'aurons convié en nous (Figure 4.4, page suivante).

Les deux premiers stades du processus de pardon nous incombent. Au premier, nous reprenons nos projections et cessons de juger le monde. Puis nous cessons de nous juger et demandons de l'aide, ouvrant ainsi la voie au troisième stade qui, lui, est pris en charge par l'Esprit Saint. Nous avons convié Sa lumière dans l'obscurité de notre culpabilité et Il la dissout par Sa seule présence, tout comme une pièce obscure ne peut rester dans le noir si l'on allume la lumière. Cette analogie nous permet d'ailleurs de constater que c'est la lumière qui est réelle, l'obscurité n'étant que l'absence de lumière. Il est en effet impossible d'introduire une « lumière noire » dans une pièce lumineuse pour assombrir cette pièce ; mais on peut emplir de lumière une pièce sombre.

Chaque fois que nous acceptons d'inviter l'Esprit Saint dans notre esprit, le monde de ténèbres de l'ego ne peut que disparaître dans le néant — ce néant qu'en réalité il est. Il est souvent difficile de se souvenir que l'amour de l'Esprit Saint est toujours présent, attendant de répondre à toute demande d'aide authentique. Par contre, il est très facile de se laisser piéger à croire que nous devons régler nous-même tous nos problèmes.

La troisième étape du pardon

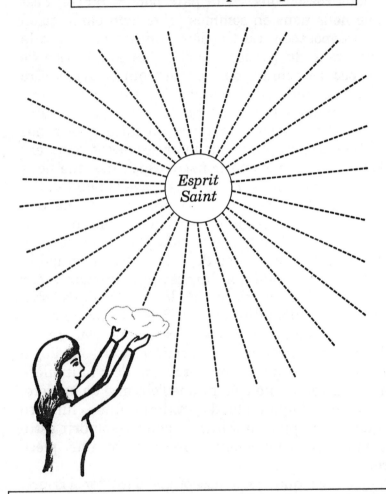

L'Esprit Saint ne vous demande qu'une chose : présentez-Lui chacun de vos secrets enfouis loin de Lui. Ouvrez-Lui chaque porte, et conviez-Le à entrer dans l'obscurité et à la dissoudre par Sa lumière. Si vous le Lui demandez, Il entrera bien volontiers. Si vous Lui ouvrez les portes de l'obscurité, Il répandra la lumière dans l'obscurité.   T268: T-14.VII.6:1-4

Figure 4.4

Notre ego est fermement convaincu qu'il sait comment procéder. Le Cours, cependant, affirme exactement le contraire : tout ce que sait faire l'ego, c'est créer des problèmes et si nous voulons connaître la paix, nous devons solliciter une aide extérieure à son système de pensée. Ce troisième stade du pardon nous rappelle que seul l'Esprit Saint peut nous aider. La seule responsabilité qui nous incombe consiste à comprendre que nous nous sommes dessaisi de notre paix et que nos pensées déviées peuvent être corrigées par l'Esprit Saint, pour peu que nous L'invitions en nous.

J'ai vécu il y a quelque temps une expérience qui illustre ces trois étapes du pardon. Je souffrais depuis deux jours d'une douleur dans la poitrine. Cette douleur n'avait rien de nouveau, je l'avais déjà ressentie de nombreuses fois au cours de ma vie. Elle apparaissait lorsque je me sentais injustement traité, et pouvait se prolonger trois jours durant. Cette douleur faisait peser sur moi un intense sentiment de tristesse et de lassitude. Allongé sur mon lit et me demandant pourquoi je devais encore en passer par là, je décidai de chercher avec sincérité quels « avantages » je tirais — car je savais qu'il ne pouvait en être autrement — de cette situation.

Ce nouvel état d'esprit ne tarda pas à révéler un plaisir exquis, celui de m'apitoyer sur mon sort, mêlé au désir de fermer mon cœur afin que l'on n'attende plus de moi de tellement me dévouer pour les autres. Je ressentis alors que je ne voulais plus porter cette douleur et que j'étais prêt à la laisser partir ; j'étais prêt à accepter la responsabilité accrue qui allait en découler — et qui désormais ne m'apparaissait plus comme un sacrifice. Cette douleur ne me servait plus, je pouvais la rendre. Je concentrai ma nouvelle vision des choses et mon consentement dans la région du cœur et offris la douleur à l'Esprit Saint. Je Lui demandai de la

prendre, sachant qu'il aurait de la joie à la recevoir.
A ma grande surprise, la douleur disparut en moins
d'une minute. Pour être franc, je craignais qu'elle ne
revienne à tout moment. Mais il n'en fut rien, et je n'ai
plus jamais connu une telle douleur persistante dans la
poitrine.

Je me souviens avoir vu des panneaux publicitaires
portant le message suivant : « Remettez vos fardeaux
au Seigneur. » C'est totalement impossible, m'étais-je
alors dit, cela ne peut pas fonctionner. C'était à moi,
je n'en doutais pas, de tout régler dans ma vie. Mais
au fur et à mesure qu'ont grandi ma perception et ma
conscience de l'Esprit Saint, j'ai compris quel amour
Il doit nous porter et comment Il voit nos activités :
comme une mère dont l'enfant fait un cauchemar. La
mère ne condamne pas le contenu du cauchemar, et
s'efforce de réveiller son enfant le plus doucement possible. Comme Dieu aimerait encore plus, si seulement
nous Le laissions faire, renvoyer ces cauchemars que
nous nous sommes fabriqués ! Pour pratiquer le pardon,
nous devons d'abord cesser de juger le monde, puis
cesser de nous juger nous-même. Ainsi nous réduirons
les défenses de l'ego, et l'amour et la lumière de l'Esprit
Saint dissoudront automatiquement notre culpabilité.

Quand, par la pratique du pardon, nous nous serons
autorisé à nous réveiller des cauchemars de notre ego,
nous découvrirons que nous sommes toujours le même,
tel que Dieu nous a créé, éternel et parfait, et que rien
ne peut nous porter préjudice. Dans ces conditions, que
restera-t-il à pardonner ? Comme il est écrit dans le
Cours : « ... et que dans le pardon total, dans lequel
vous reconnaissez qu'il n'y a rien à pardonner, vous
êtes entièrement absous » (T298; T-15.VIII.1:7). Mais
cette prise de conscience — que le pardon est une illusion — ne survient pas avant la fin du processus. Tant

que nous croyons être séparé de Dieu, le pardon est une illusion utile, qui nous éveillera de toutes les illusions.

Notre résistance au pardon

Les personnes qui commencent à étudier le Cours croient souvent qu'en pratiquant ses enseignements, leur vie va immédiatement devenir plus douce et plus sereine. Mais il n'en est pas toujours ainsi. L'on peut même, en fait, avoir le sentiment que, loin de s'améliorer, les choses ne font qu'empirer. En effet, avant de pratiquer les principes exposés dans le Cours, ces personnes avaient probablement coutume d'écouter la voix de l'ego et de nier leur culpabilité, pour ensuite la projeter sur leur entourage. Or maintenant, elles essaient de rendre conscient leur inconscient, première étape du processus qui va rompre le déni et offrir leur culpabilité à la lumière de l'Esprit Saint afin qu'Il la pardonne. Devenir conscient des ténèbres de notre ego n'a rien d'aisé ni de confortable.

Les principes de pardon décrits dans le Cours sont relativement simples à comprendre et nous serons grandement récompensé de leur mise en pratique. Mais il est tout aussi vrai qu'il est très difficile pour la plupart d'entre nous de reconnaître notre souffrance et de demander de l'aide. Pour nous aider à en comprendre la raison, le Cours s'attarde longuement sur l'habileté et la rouerie de l'ego. Car le mur de déni que nous avons érigé nous laisse dans une ignorance crasse de sa façon de fonctionner. Le Cours nous convie donc à regarder derrière ce mur et à apprendre à rire gentiment de ce que nous y trouvons.

En pratiquant le pardon, nous atténuerons l'importance que nous avons octroyée à l'ego. Mais nous nous sommes tellement identifié à son système de pensée, que nous avons l'impression de sacrifier quelque chose qui nous est très cher. Comme nous exposerons nos ténèbres (les illusions) à la lumière (la vérité), nous passerons, nous dit le Cours, par des « périodes troublées ». Il est impossible d'échapper à ces temps de déstabilisation, de tourments et d'angoisse lorsque nous passons du système de pensée de l'ego (le désordre) à celui de l'Esprit Saint (l'ordre).

> *Pour commencer, ils [les messagers de Dieu] doivent passer par ce que l'on pourrait appeler une « période de repli », durant laquelle ils vont « défaire ». Cela n'a pas besoin d'être douloureux, mais c'est généralement vécu ainsi. Des choses nous sont semble-t-il retirées, et au début, l'on comprend rarement qu'en fait, on est seulement en train de reconnaître leur inanité.*
>
> (M8; M-4.I.3:1-3)

Cette citation est extraite d'une section décrivant les six étapes du développement de la confiance. Jésus nous prévient qu'en règle générale, quatre d'entre elles paraissent difficiles et qu'il ne faut pas sous-estimer les défis qui jalonnent la croissance spirituelle.

Il convient donc de regarder de plus près notre investissement dans l'ego et ce qu'il semble nous offrir. Notre pratique du pardon deviendra plus facile au fur et à mesure que nous commencerons à remettre en question les « cadeaux » qu'il nous tend. L'ego nous dit que nous sommes la personne la plus importante du monde. Nous avons des besoins spéciaux qui doivent être satisfaits et nous sommes en droit d'avoir recours à n'importe quel moyen pour y parvenir. Selon le Cours, ce « bon droit » prend sa source dans une croyance absurde — ces choses dont nous avons besoin nous manquent parce qu'elles nous ont été volées (voir « *The Laws of Chaos* », chapitre 23 du Texte). Cette conviction enregistrée dans notre inconscient justifie l'usage de tous les moyens pour reconquérir ce qui, pensons-nous, nous revient de droit. Le pardon enseigne tout autre chose : nous avons échangé le souvenir de notre réalité spirituelle contre l'expérience de l'unicité individuelle — le besoin de se sentir spécial et différent des autres.

Notre décision d'oublier notre vraie condition, un état d'unité au sein de l'Esprit Un de Dieu, ne pouvait que donner naissance à la rivalité et au jugement. Pour maintenir notre sentiment d'individualité, nous devons continuellement nous comparer aux autres et chercher des différences. Si nous rencontrons quelqu'un qui d'une façon ou d'une autre semble meilleur que nous, nous devons, soit en faire un ennemi, soit le placer sur un piédestal et donner l'impression de le tenir en grande estime. Cependant, à un niveau plus profond de notre esprit, nous le détesterons d'être meilleur que nous. « Seuls les gens spéciaux peuvent avoir des ennemis, car ils sont différents et ne sont pas un. Et toute différence impose des classifications, ainsi qu'une nécessité de juger à laquelle il est impossible d'échapper », dit le Cours (T465; T-24.I.3:5-6). Lorsque nous rencontrons une personne que nous jugeons inférieure à nous, il existera un désir de maintenir cette personne dans son infériorité afin de pouvoir, par comparaison, paraître supérieur. Voici comment le Cours décrit cette dynamique :

> *Face à la médiocrité que vous voyez en lui, vous paraissez par comparaison grand et majestueux, propre et honnête, pur et sans tache. Mais vous ne comprenez pas qu'ainsi, c'est vous-même que vous rabaissez.*
>
> (T466f; T-24.II.1:6-7)

Cette citation nous rappelle donc que lorsque nous faisons des comparaisons et attaquons nos frères, c'est également nous que nous attaquons. Et comme nos attaques sont toujours axées sur le corps ou le comportement de quelqu'un d'autre, notre croyance dans la réalité du corps est renforcée et notre conscience de l'esprit, affaiblie.

« Vous serez tenté de vous opposer à ce cours parce qu'il vous enseigne que votre frère et vous êtes semblables », déclare le Cours (T466; T-24.I.8:6). Le pardon nous enseigne en effet que nos egos sont tous semblables, tout comme notre nature de Christ. Or c'est bien là la dernière chose que souhaite entendre notre ego. Pour conserver son désir d'être spécial, l'ego doit absolument percevoir des différences entre lui et les autres. Quand vous êtes invité à une soirée, vous n'avez aucune envie de voir un autre invité arborer la même tenue que vous !

Notre désir originel de nous séparer et d'être différent de Dieu se perpétue dans notre désir d'être séparé des autres. Le pardon abolirait cette pensée et finirait par nous rendre la conscience de notre unité avec Dieu et nos semblables. Pour l'ego, il s'agit là d'un acte de trahison qui mérite d'être puni. Le retour de cet état d'unité dans notre conscience signifiant sa mort, l'ego doit le combattre de toutes ses forces.

L'ego est frustré par tout ce que vous faites, et tout spécialement lorsque vous obéissez à l'Esprit Saint car dans ces moments-là, il est encore plus perdu. L'ego est donc particulièrement enclin à vous attaquer lorsque vous réagissez avec amour, car il vous juge comme une personne non aimante et vous venez contredire son jugement. L'ego attaquera vos mobiles dès qu'ils viendront nettement

s'opposer à sa perception de vous. Son incertitude
s'étant accentuée, il passera alors brusquement
de la méfiance à la malveillance.

(T164; T-9.VII.4:4-7)

Il peut parfois nous arriver de nous sentir ouvert à
l'amour de l'Esprit Saint et empli d'un profond sentiment de paix et de bien-être. Nous allons même jusqu'à penser que cet état ne disparaîtra jamais. Mais le
lendemain matin, nous nous réveillons déprimé, nous
sentant seul, et nous nous demandons pourquoi les
choses ont tellement changé. L'explication de ce revire-
ment est très simple : notre ego nous a entre-temps
persuadé qu'il est dangereux de continuer à écouter
l'Esprit Saint. Il est plus sûr pour nous de rester tel que
nous sommes, nous rappelle-t-il, car changer deman-
dera un sacrifice ; pire encore, il y a au bout du chemin
un dieu vengeur qui nous attend, prêt à nous punir de
tous nos péchés. Si nous suivons le chemin du pardon,
poursuit l'ego, il nous faudra regarder les ténèbres et
toute l'horreur qui règnent dans notre esprit, et nous
ne survivrons pas à cette expérience.

Le chemin qui mène au pardon n'a rien d'aisé, mais
son succès est garanti par Dieu car c'est Sa volonté que
nous revenions à Lui.

Le faux pardon

Aucun don du Ciel n'a été plus mal compris que
le pardon. A vrai dire, le pardon est devenu un
fléau ; une malédiction — alors que ce devait être
une bénédiction ; une cruelle dérision de la grâce,
une parodie de la sainte paix de Dieu.

(S9; S-2.I.1:1-2)

Le livret *Song of Prayer* décrit un certain nombre de concepts erronés mais courants à propos du pardon, regroupés sous l'appellation de « pardon-qui-détruit » (S11f; S-2.IIf). Tout d'abord, il y a la forme de pardon que l'on pourrait appeler « plus-saint-que-toi ». La personne offensée adopte une attitude de supériorité spirituelle et d'apparente charité, et décide de « pardonner » à l'individu inférieur qui l'a froissée. « Parce que mon cœur est bon, lui dit-elle, je te pardonne ce que tu m'as fait, mais ne recommence pas. » Toutefois, celui qui « pardonne » ainsi ne voit pas que le problème se trouve en lui et perd une occasion de se guérir de ce que l'autre personne lui renvoie.

> *Le « pardon-qui-détruit » revêt de nombreuses formes, car c'est une arme du monde de la forme. Ces formes ne sont pas toutes manifestes, et certaines sont soigneusement dissimulées sous ce qui ressemble à de la charité.*
>
> (S11; S-2.II.1:1-2)

Autre forme de faux pardon : le « saint martyr ». Là, la personne est persuadée d'être un pécheur et de mériter la punition de Dieu, qu'elle accepte sans se défendre et avec toutes les apparences de l'humilité. Cette attitude n'indique cependant qu'une seule chose : que cette personne croit en l'ego et non en Dieu, car seul l'ego nous dit que nous avons péché. Nous cherchons parfois activement à être martyrisé, afin de pouvoir afficher notre « sainteté » aux yeux de tous. Reste que derrière une façade d'acceptation souriante, grondent la colère et l'amertume que nous ressentons envers l'autre personne. L'ego utilise ainsi le faux pardon pour renforcer notre croyance en lui.

Une autre forme de « pardon-qui-détruit » repose sur le marchandage et le compromis. Tant que l'autre personne satisfait la plupart de nos besoins, nous sommes prêt à lui pardonner ses transgressions à notre égard. Mais quand nos besoins ne sont plus satisfaits, il n'y a plus aucune raison de lui pardonner et notre haine refoulée remonte à la surface sous la forme d'une attaque.

Les relations sacrées

> *Quand vous vous rapprochez d'un frère vous vous rapprochez de moi, et quand vous vous éloi-gnez de lui, la distance entre nous s'accroît. Le salut est une démarche qui se vit en collabora-tion. Elle ne peut être menée à bien par ceux qui se désengagent de la Nature du Fils, car c'est de moi qu'ils s'écartent. Dieu ne viendra à vous que lorsque vous Le révélerez à vos frères.*
>
> (T63; T-4.VI.8:1-4)

Les relations sont nécessaires pour nous montrer ce qui a besoin d'être guéri sous nos armures de déni. Ceci s'applique à toutes les formes de relation. Chaque fois que nous entrons en contact avec une autre personne, c'est une occasion qui nous est donnée de regarder en nous et d'oublier nos illusions sur nous-même. Sans ce miroir que nous offrent les autres, il serait impossible de découvrir toute la culpabilité que nous avons niée. Cette culpabilité que tout un chacun porte en lui est profondément ensevelie dans notre esprit et protégée par un rempart de déni. Et pour nous défendre encore davantage, nous projetons ce que nous nions sur le monde, et plus encore sur nos semblables.

Ce n'est pas nous qui avons un problème, nous dit l'ego, mais ceux avec qui nous sommes en relation. Pour l'Esprit Saint, ces mêmes personnes sont nos profes-seurs, car sans elles il serait impossible de voir ce que nous avons nié. Nous avons besoin de quelque chose qui soit extérieur à notre esprit fermé pour nous montrer ce qu'il s'y trouve réellement. Mais quand on nous montre quelque chose de nous-même que nous n'aimons pas, notre ego nous avise d'attaquer l'autre personne : c'est comme si nous lancions une brique dans une glace parce que nous n'aimons pas ce que nous y voyons !

Dans l'Antiquité, on utilisait des messagers pour transmettre les nouvelles importantes aux représentants du pouvoir. Il n'était pas rare, quand la nouvelle était mauvaise, que le messager soit exécuté. Pour ne pas assumer ce que le message provoquait en eux, ces hauts personnages projetaient la cause de leur souffrance et réagissaient comme s'ils avaient été attaqués par le messager. Tout pareillement, nos amis, nos ennemis, nos parents, amants, employés ou enfants nous apporteront constamment des messages parlant de ce que nous avons nié de nous — et que nous leur reprochons.

Chaque fois que nous ressentons la moindre irritation en présence de quelqu'un, c'est que notre culpabilité cachée a été éveillée. Si, au lieu d'attaquer cette personne, nous demandions à l'Esprit Saint de nous aider à retrouver la paix, nous briserions le système de pensée de l'ego. Notre désir d'une relation spéciale de haine serait converti en un désir d'une relation sacrée. Alors, l'autre personne n'est plus notre ennemi, mais est devenue notre maître.

Sans toutes ces personnes faisant miroir à ce qui est cadenassé dans notre inconscient, nous aurions beaucoup de difficultés à détecter tout ce qui a besoin d'être pardonné en nous. Mais quand nous assumons nos sentiments, nous commençons à voir, avec l'aide de l'Esprit Saint, que ce qui nous dérange dans le monde n'est rien d'autre qu'une réflexion de ce qui nous dérange dans notre propre personne.

Se comporter avec autrui de façon responsable et en abandonnant nos défenses, dans une rencontre faite de sincérité, de pardon, d'union et d'intérêt partagé (se réveiller du rêve de la séparation), c'est cela que le Cours appelle une relation sacrée. Nous avons convié l'Esprit Saint dans notre relation. Un tel comportement est très difficile à maintenir, car il est à l'opposé de celui conseillé par l'ego. Il n'en reste pas moins que nous pouvons nous donner pour but de vivre une relation sacrée et chercher à maintenir ce cap, tout en acceptant que nous allons maintes fois suivre le conseil de l'ego et de nouveau attaquer.

Ceci est tout particulièrement vrai au début d'une relation sacrée, alors que l'ego cherche à nous convaincre de revenir à la relation spéciale d'amour ou de haine que nous entretenions jadis. Tandis que le moteur de notre relation passe peu à peu du « spécial » au « sacré », nous aurons souvent l'impression d'avoir perdu quelque chose d'important. « Mais où sont donc passées la romance et la passion ? » s'écriera l'amant. Ou bien le fils ou la fille dira : « Mes parents étaient tout pour moi, et maintenant ils ne semblent plus rien avoir de si spécial ! » Quand notre désir d'avoir des personnes spéciales dans notre vie commence à disparaître, l'ego nous préconise de revenir à ce qui jadis semblait si bien fonctionner.

La relation sacrée, étape majeure vers la perception du monde réel, s'apprend. C'est l'ancienne relation non sacrée, transformée et vue avec un nouveau regard. (...) Seul le début est difficile. Car là, le moteur de la relation bascule brusquement à l'extrême opposé de ce qu'il était. (...) Ceci s'accomplit très rapidement, mais la relation en semble perturbée, désunie, voire pénible. (...) De nombreuses relations se sont brisées à ce stade,

*l'ancien mode de relation étant rétabli avec une
autre personne. (...) Vous trouverez de nombreuses
occasions de rejeter sur votre frère « l'échec » de
votre relation, car elle semblera par moments ne
plus avoir aucun sens. Un sentiment d'inanité
viendra vous hanter, et vous rappeler toutes les
manières dont vous avez jadis recherché, et
pensé avoir obtenu, la satisfaction. N'oubliez
pas aujourd'hui la détresse qu'en réalité vous y
avez trouvé, et n'insufflez pas la vie à votre ego
faiblissant.*

(T337f; T362f, 2nde édition)

Kenneth Wapnick a souligné un point qu'il importe
de bien comprendre : la relation sacrée est certes une
attitude que nous développons vis-à-vis d'autres personnes, mais il n'est pas indispensable d'être deux pour
vivre ce mode de relation. Pour m'aider à reconnaître la
véracité de cette déclaration, je m'imagine échoué sur
une île déserte. Me serait-il alors impossible, n'ayant
personne autour de moi, d'avoir une relation sacrée ?
Cette occasion de croissance me serait-elle alors inter-
dite ? Non. Car si je comprends que l'important, c'est
mon état d'esprit vis-à-vis des souvenirs qui me restent
de ceux qui peuplaient ma vie, je vois bien que le
pardon dont j'ai besoin est toujours nécessaire. De la
même façon, si une personne que je déteste venait à
mourir soudainement, je pourrais toujours atteindre
une relation sacrée avec cette personne si j'apprenais à
me pardonner.

Peu importe que votre partenaire ne partage pas
votre recherche spirituelle, voire manifeste ostensible-
ment son hostilité. Rien ne vous empêche d'entretenir
une relation sacrée avec lui. Apprendre à trouver la
paix auprès d'une personne emplie de colère ne peut
qu'accélérer la croissance. N'entendons cependant pas

par là que nous devions rester avec quelqu'un auprès de qui nous ne nous sentons plus en accord ! L'Esprit Saint ne se soucie pas de la forme de la relation — nous pouvons aussi bien rester ensemble que nous séparer ; ce qui lui importe, c'est que nous apprenions nos leçons de pardon.

Jésus vit une relation sacrée avec tout le monde, que la personne soit engagée ou non dans une relation sacrée avec lui. C'est pour cela qu'il a pu rester serein tout au long de sa capture, de son procès et de sa crucifixion. Même quand les soldats lui enfonçaient des clous dans le corps, il ne pouvait voir que des Fils de Dieu endormis en mal d'amour. Cet amour, il le leur donna en ne les attaquant pas, en ne se défendant pas. Se sachant esprit sans forme et éternel, et non un corps, il savait qu'il ne pouvait pas être attaqué et n'avait donc nul besoin de se défendre. Ce n'est que lorsque nous nous identifions au corps que nous avons besoin de nous défendre. Quand nous en viendrons à prendre conscience de notre vraie nature et à voir que « Rien de réel ne peut être menacé » (Introduction, Texte), nous connaîtrons la même paix que Jésus.

J'ai entendu un jour une histoire qui illustre avec force ce que sont réellement le pardon et une relation sacrée. A la fin de la Seconde Guerre Mondiale, alors que les Alliés libéraient un certain camp de concentration, ils découvrirent un prisonnier qui semblait relativement en bonne forme, compte tenu de ce qu'il venait de vivre. Ils supposèrent qu'il ne se trouvait dans ce camp que depuis peu de temps. Lorsqu'il leur apprit qu'il était là depuis quatre ans, ils le soupçonnèrent de collaboration avec les Allemands. Cependant, quand ils virent tout le respect que lui témoignaient les autres prisonniers, ils se dirent qu'il devait y avoir une autre explication. Ils lui demandèrent donc de raconter son histoire.

Pendant la révolte des Juifs dans le ghetto de Varsovie, il avait été capturé avec sa femme et ses enfants. Les soldats avaient exécuté sa famille sous ses yeux, mais l'avaient épargné. Il avait eu beau les supplier de le tuer lui aussi, ils avaient refusé, expliquant que sa connaissance des langues pourrait être utile au camp de concentration. A ce moment-là, il avait su que s'il ne leur pardonnait pas, et donc ne se pardonnait pas lui, il deviendrait comme Hitler. Cet acte de pardon lui avait permis de percevoir la peur qui imprégnait les soldats et d'y voir une demande d'amour. Il avait accepté le jugement de l'Esprit Saint. Durant toutes ces années passées au camp, il n'avait jamais perçu aucune différence entre victimes et bourreaux. L'un ou l'autre, tous vivaient dans la peur, tous demandaient de l'amour. Il n'avait pris le parti ni d'un côté, ni de l'autre, voyant tout le monde de la même façon. Ceci lui avait permis de conserver sa paix et sa force intérieures, en entretenant une relation sacrée avec tous ceux qu'il rencontrait.

Cette histoire illustre aussi le fait que rien dans ce monde n'est bon ou mauvais, mais simplement neutre. Il n'existe rien qui ne puisse être utilisé par l'Esprit Saint comme une salle de classe où apprendre le pardon, la paix et la joie.

Vous n'avez aucune idée de l'immense libération et de la paix profonde qui se révèlent lorsque vous vous rencontrez et rencontrez vos frères sans jugement aucun.

(T42; T-3.VI.3:1)

Quand l'ego réussit à vous induire dans la maladie, ne demandez pas à l'Esprit Saint de guérir le corps car ce ne serait qu'accepter la croyance de l'ego — que c'est le corps qui doit être guéri. Demandez plutôt à l'Esprit Saint de vous enseigner à voir le corps pour ce qu'il est vraiment, car seule la perception peut être faussée. Seule la perception peut être malade car seule la perception peut être erronée.

Extrait de *A Course in Miracles*
(T146; T-8.IX.1:5-7)

Chapitre 5

QUELLE AIDE DEMANDER ?

Il vient un temps, dans notre quête de la guérison, où nous comprenons que seule une aide extérieure au système de pensée de notre ego est apte à venir à notre secours. Cette aide, celle de l'Esprit Saint, est toujours à notre disposition, mais il nous faut la demander. L'Esprit Saint ne peut pas venir s'il n'est pas invité et bienvenu, car il ne s'opposera jamais à notre libre arbitre. Et demander à être aidé, c'est comprendre ce que signifie la vraie prière.

La prière est en effet souvent mal comprise, et cela en raison de notre identification aux besoins de l'ego. Notre ego nous donne la liste de ce pour quoi nous devons prier, nous disant que cela va nous apporter le bonheur. Obéissant à son conseil, nous prions pour des choses telles que l'argent, la sécurité, le statut social, le pouvoir, la guérison de notre corps — et nous sommes souvent déçu quand nos prières ne sont pas exaucées. Nous allons explorer dans ce chapitre la différence entre la vraie prière et la fausse prière, ainsi que le rôle de l'Esprit Saint. Le commentaire de Kenneth Wapnick sur le livret *The Song of Prayer*, disponible en cassettes (voir page 192), m'a beaucoup aidé à écrire ce chapitre.

Nous possédons tous une faculté psychique pour matérialiser des choses. Certaines personnes attirent l'argent et les biens matériels, d'autres trouvent toujours un taxi ou une place où garer leur voiture. La Bible affirme elle aussi que si nous y croyons vraiment, nous recevrons ce que nous avons demandé. Les facultés psychiques sont intrinsèquement neutres, et peuvent aussi bien être utilisées par l'ego que par l'Esprit Saint ; mais ces facultés par elles-mêmes ne nous apporteront pas la paix et la joie de Dieu.

Alors que sa conscience s'aiguise, il peut très bien lui venir des capacités qui lui semblent tout à fait surprenantes. Pourtant, rien de ce qu'il est en mesure d'accomplir n'est comparable, même au plus infime degré, à l'éclatante surprise qui l'éblouira lorsqu'il se souviendra de son identité.

(M59; M-25.1:4:-5)

Voici la question que le Cours nous exhorterait à poser : « Qu'allons-nous en faire ? » Laissé aux mains de l'ego, le pouvoir psychique est utilisé pour renforcer l'apparente réalité de notre monde. Croyant aux paroles de notre ego — le bonheur ne peut être trouvé qu'à l'extérieur de nous-même — nous utilisons ce pouvoir pour attirer des formes de ce monde. Mais même si nous réussissons, bonheur et paix durables ne sont toujours pas au rendez-vous, et nous sommes contraint d'essayer d'obtenir quelque chose d'autre, ou qui s'en rapproche davantage. « Cherchez et vous ne trouverez pas », telle est la maxime de l'ego (T210; T-12.V.7:1) — ainsi notre attention reste fixée sur le monde de la forme et éloignée de l'esprit.

Fausse prière et vraie prière

> *Ces formes de prière — ou demandes nées du*
> *besoin — impliquent toujours des sentiments*
> *de faiblesse et d'insuffisance, et ne pourraient*
> *jamais être le fait d'un Fils de Dieu sachant*
> *Qui il est. (...) La vraie prière, ce n'est pas*
> *quémander. Demandez plutôt à recevoir ce qui*
> *a déjà été donné ; à accepter ce qui est déjà là.*
>
> (S3 - S1; S-1.II.2:1 - S-1.I.1:6-7)

Prier pour que des choses extérieures se produisent, que ce soit pour nous-même ou pour autrui, équivaut à dire que nous savons quelle est la meilleure solution. Le Cours fait observer que tout ce que nous savons, c'est créer des problèmes, et que seul l'Esprit Saint sait comment les résoudre et nous ramener à un état de paix. Ces prières nées de l'ego visent à modifier les circonstances de notre vie pour que nous retrouvions le bonheur. Si seulement nous pouvions avoir davantage d'argent, guérir notre corps, trouver le bon partenaire... alors, pensons-nous, nous serions heureux.

Ce qui intéresse l'Esprit Saint, ce n'est pas de nous débarrasser de nos problèmes, mais de nous aider à trouver la paix au sein de ces problèmes. Nos prières devraient viser à changer, non pas le monde, mais notre vision du monde. Le monde ne sera jamais comme nous le souhaitons, mais nous pouvons apprendre à nous y trouver en paix. L'Esprit Saint ne se soucie pas des formes de ce monde, car ce sont les fausses créations de notre ego, donc des illusions. Demander à l'Esprit Saint d'agir sur le plan de la forme, c'est Lui demander de croire à la même illusion que nous. Sa tâche consiste à nous éveiller de notre illusion, pas de l'ajuster à nos préférences. Pour l'Esprit Saint, tout, dans ce monde, est identique. Il ne voit rien qui soit bon ou mauvais en

soi — sinon, commettant la même erreur que nous, Il
rendrait « le faux, réel ». L'Esprit Saint voit simplement
en tout une salle de classe en puissance où nous pourrions apprendre nos leçons de pardon.

Si notre corps tombe malade, ou si nous avons un
accident, nous serons peut-être tenté de prier l'Esprit
Saint qu'il nous guérisse. Le Cours nous rappelle cependant que notre prière devrait avoir pour objet de comprendre comment utiliser correctement le corps, lequel
est destiné à être un outil de communication pour l'Esprit Saint (voir citation en début de chapitre, page 139).
Il nous est très difficile de prendre toute la mesure de
cette perception élevée, et le Cours ne l'ignore pas. « Il
faut un long chemin avant de comprendre que toutes
les choses, tous les événements, toutes les rencontres,
toutes les circonstances sont utiles. » (M9; M-4.I.4:5)

Notre ego ne sait que nous conseiller de changer les
circonstances au lieu d'apprendre à y trouver la paix.
En fait, l'Esprit Saint peut également nous guider pour
nous aider à modifier les circonstances. Mais Son des-
sein sera toujours de nous en apprendre davantage sur
la paix intérieure et n'imposera aucun sacrifice — si
ce n'est celui d'abandonner nos illusions, ce qui bien
évidemment est souvent vécu dans la douleur. Devant
un problème, l'Esprit Saint ne s'intéresse qu'à la cause,
laquelle n'est rien d'autre qu'une perception erronée
dans notre esprit. Si nous L'invitons à nous aider à ce
niveau, Il pourra créer un renversement de notre perception (un miracle) qui nous rendra la paix que nous
avons perdue. Cette approche est diamétralement opposée à celle de l'ego, qui ne s'intéresse qu'à l'effet du
problème, lequel se trouverait dans le monde. C'est
donc là, dans le monde, que les choses doivent changer,
préconise notre ego qui nous demande de prier en ce
sens. Mais comme il est écrit dans le Cours :

> *(...) La seule prière qui ait un sens est celle qui demande le pardon, car ceux qui ont été pardonnés possèdent tout. Une fois que le pardon a été accepté, la prière telle qu'on l'entend habituellement perd tout son sens. Prier pour le pardon, ce n'est rien de plus que demander de devenir capable de reconnaître ce que l'on a déjà.*
>
> (T40; T-3.V.6:3-5)

Si Dieu nous a tout donné au moment de notre Création, quels « dons » terrestres pourraient bien rivaliser avec cela ? Une fois notre processus de pardon achevé, nous nous éveillerons de notre rêve de séparation et trouverons tous les dons d'amour, de paix, de joie, de créativité que Dieu nous a légués et qui attendent que nous venions les reprendre. L'acte même de prier pour des objets spécifiques renforce notre croyance dans nos manques et affirme notre ego. Tout comme le pardon, la prière est un processus. Jésus la compare à une échelle, que nous devons tous commencer à gravir par le bas (Figure 5.1 page suivante).

Au bas de l'échelle, nous utilisons la prière pour réclamer des choses de ce monde, renforçant par là même notre sentiment de manque et de séparation. Nos prières pour la guérison du corps se situent également à ce niveau. Persuadé que notre corps est notre bien le plus important, nous nous soucions beaucoup de sa santé et de sa sécurité. Là encore, prier pour la guérison de notre corps, c'est renforcer la réalité du monde de la forme de l'ego, puisque l'ego s'identifie à notre corps et en fait sa demeure ; si nos prières ont pour seul objet notre bien-être physique, nous allons bien évidemment renforcer notre croyance en lui. Par contre, demander à l'Esprit Saint de nous montrer comment être en paix au sein même de nos problèmes physiques, permet de transformer un symptôme physique en une salle de classe du pardon.

L'échelle de la prière

La vraie prière, ce n'est pas quémander. Demandez plutôt à recevoir ce qui a déjà été donné ; à accepter ce qui est déjà là. S1; S-1.I.1:6-7	Monde réel
L'Esprit Saint ne se soucie pas de la forme, car il ne connaît que le sens. T151; T-9.I.10:4	Prier pour connaître la volonté de Dieu
P **R** **O** **C** **E** **S** **S** **U** **S**	Prier ensemble pour des objectifs de l'ego
	Prier pour guérir Transmettre de la lumière
	Prier pour trouver la paix
La prière, sous ses premières formes, est illusion car il n'y a pas besoin d'une échelle pour atteindre ce que l'on n'a jamais quitté. S4; S-1.II.8:3	Prier pour être pardonné
Il n'est pas facile de prendre conscience que les prières pour des objets — statut social, amour humain, "dons" extérieurs de toutes sortes — ont toujours pour objet de nous enfermer et d'esquiver la culpabilité. S6; S-1.III.6:1	Prier pour des formes par ex. de l'argent
	Prier pour la mort de ses ennemis

Figure 5.1

Au fil du temps, la teneur principale de nos prières passe de la quête de la forme à celle de certaines qualités — par exemple la paix. Toutefois, prier pour trouver la paix revient à affirmer qu'elle nous fait défaut, que Dieu ne nous l'a pas déjà donnée.

Puis nous allons parfois nous sentir poussé à prier pour les autres, ou à leur transmettre de la lumière et de l'amour. Nous pouvons décider de prier pour nos ennemis, ou pour la guérison d'une autre personne, mais prier pour ses ennemis c'est tomber dans le piège de rendre le faux réel car il n'existe pas d'ennemis, seulement des miroirs à la culpabilité qui se trouve en nous.

Nous avons dit que la prière est toujours destinée à vous-même, et il en est ainsi. Pourquoi donc prieriez-vous pour autrui ? Et si vous le faites, de quelle façon devriez-vous le faire ? Bien comprise, la prière pour autrui devient un moyen de libérer votre frère des projections que vous aviez placées sur lui, et de reconnaître que ce n'est pas lui qui vous blesse.

(S5; S-1.III.1:1-4)

Prier Dieu pour la guérison d'autrui implique deux choses : que Dieu ignore la souffrance de Ses enfants, et que nous allons pouvoir, par notre supplique, nous attirer une faveur spéciale de Sa part. Nous créons ainsi un Dieu que l'on peut persuader de guérir certains individus, tandis qu'il oublie ou néglige la souffrance des autres. Le Cours enseigne que Dieu porte le même amour à tous Ses enfants et qu'Il a créé l'Esprit Saint pour ramener à Lui chacun d'entre eux. Chacun dispose de la même possibilité d'accéder au pouvoir de guérison de l'Esprit Saint, sous réserve de solliciter Son aide. Il connaît chacun d'entre nous et n'a pas besoin de nos bons offices.

Nous pouvons aussi estimer utile d'envoyer de la lumière vers une certaine personne ou sur quelque région troublée du monde. Mais là encore, cela ne fait que renforcer la réalité du monde de la forme de l'ego. Si nous voyons des ténèbres dans le monde, c'est parce que nous voyons des ténèbres dans notre propre esprit — et c'est donc là que la lumière est requise. Comme le dit le Cours : « (...) Ne cherchez pas à changer le monde, mais plutôt votre vision du monde » (T415; T-21.Intro. 1:7).

Le livret *Psychotherapy : Purpose, Process and Practice* dit clairement que nous n'avons pas besoin d'être physiquement présent pour aider les autres, et que ceux-ci « seront envoyés sous la forme qui s'avère la plus utile — un nom, une pensée, une image, une idée ou peut-être le sentiment de toucher quelqu'un, quelque part » (P17; P-3.I.3:8). C'est l'Esprit Saint qui nous « envoie » ces personnes pour que nous nous unissions, et non pas nous qui dirigeons Sa charge de guérisseur.

Nos prières vont ensuite consister à demander comment nous pardonner, afin de pouvoir connaître ce qui nous a déjà été donné par Dieu. Et enfin, notre prière redeviendra ce qu'elle était avant que la séparation ne semble s'être produite — un chant d'amour et de reconnaissance entre Dieu et Sa création.

Toutes nos prières sont entendues

Le Cours indique qu'il est répondu à toutes nos prières, mais que la façon dont elles sont exaucées va dépendre de celui auquel nous les avons adressées : l'ego ou l'Esprit Saint (voir M51; M-21.2,3). Si nous prions l'ego pour obtenir des choses du monde de l'ego, peut-être recevrons-nous ces choses, peut-être ne les recevrons-nous pas, selon notre capacité de matérialiser sur le plan psychique ; mais nous recevrons toujours l'expérience de l'ego, c'est-à-dire le péché, la culpabilité et la peur. Imaginons par exemple que nous ayons la capacité d'attirer l'argent qui, d'après nous, nous fait défaut ; peut-être allons-nous nous sentir heureux pour un temps, mais nous n'en continuerons pas moins de craindre que notre pécule finisse par devenir insuffisant, ou bien nous vivrons dans la peur de le perdre ou de nous le faire voler, ou bien encore nous culpabiliserons sur son origine. Ainsi, nos prières à l'ego entretiennent et renforcent sa présence dans notre esprit.

Nous ne savons pas où se trouvent nos intérêts. Il y a quelques années, j'ai vu à la télévision un court métrage intitulé « La Main de singe », qui illustrait très bien cette ignorance. Un jour, un voyageur frappe à la porte d'un couple d'un certain âge pour demander de l'aide. Pour remercier ces gens de leur gentillesse, il leur fait cadeau d'une main de singe qui, explique-t-il, exaucera trois vœux. Pour son premier vœu, le couple demande une grosse somme d'argent. Peu après, on frappe de nouveau à leur porte. C'est le représentant d'une compagnie d'assurances, venu leur apprendre que leur fils a été tué sur son lieu de travail ; il y a eu un terrible accident, et le fils a été pris dans une machine. Puis il leur tend une enveloppe contenant l'indemnité de sa compagnie pour le décès de leur fils. En ouvrant l'enveloppe, les parents découvrent que le montant du chèque correspond très exactement à la somme qu'ils avaient demandée. Atterrés, ils font un second vœu, demandant que leur fils leur soit rendu. Quelque temps plus tard, on frappe encore une fois à la porte. Ils vont ouvrir, et reculent devant la vison d'horreur qui s'offre à leurs yeux : leur fils est revenu, mais terriblement mutilé par l'accident. Ils claquent la porte et, prenant pour la dernière fois la main de singe, souhaitent que leur fils soit de nouveau mort.

Si en revanche nous dirigeons nos prières vers l'Esprit Saint, nous recevrons ses présents de paix, de joie et de pardon. La vraie prière ne s'intéresse pas au monde de la forme (l'effet), mais à la paix qui pourrait emplir notre esprit (la cause). Si vous vous trouvez à la fin d'une longue file d'attente, attendant votre tour pour acheter votre billet et sachant que votre train va bientôt partir, vous avez le choix de votre prière. Vous pouvez demander à l'Esprit Saint de retarder le train ou de faire avancer la file plus vite, ou bien vous pouvez Lui demander de vous montrer comment vivre cette situation dans la paix.

Dans le premier cas, la prière s'adresse à l'ego, car vous demandez un changement au niveau de la forme. Dans le second cas, et si votre prière est sincère, l'Esprit Saint est convié en vous et dispensera Son présent de paix, qui ne dépend pas du fait qu'en définitive vous attrapiez ou non ce train. Il n'est d'ailleurs peut-être pas dans votre intérêt de monter dans ce train ; vous ne pouvez pas le savoir mais l'Esprit Saint, Lui, le sait.

Il est facile, dans notre désir de nouer une relation spéciale avec l'Esprit Saint, de tomber dans le piège et d'imaginer qu'Il dirige notre vie. La Figure 5.2 ci-contre, qui reprend l'analogie du phare[10], illustre la façon dont l'Esprit Saint agit dans notre vie.

Tel capitaine de bateau est si sûr de sa navigation qu'il ne se soucie pas de vérifier qu'il y a bien un phare dans les environs. Mais il a pris un mauvais cap ; son navire finit par heurter des récifs, et coule. Tel autre capitaine est prêt à se faire épauler et recherche attentivement le phare, puis navigue avec son assistance. Il modifie son cap et poursuit sa route sans encombres.

---

[10] Les Figures 5.2 et 5.3 se fondent sur une analogie utilisée par Kenneth Wapnick dans sa série de cassettes sur *The Song of Prayer*.

> **L'Esprit Saint ne fait rien**
> **Il nous rappelle simplement**
> **que nous pouvons choisir la paix**

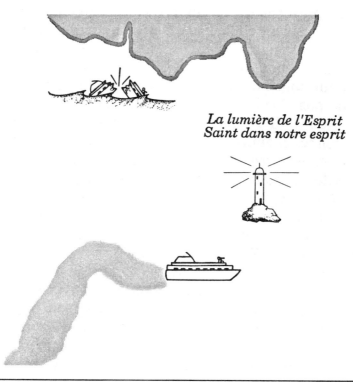

La lumière de l'Esprit Saint dans notre esprit

> La Voix de l'Esprit Saint ne donne pas d'ordres, car elle est incapable d'arrogance. Elle n'exige pas, car elle ne cherche pas à dominer. Elle n'efface pas les obstacles, car elle n'attaque pas. Elle ne fait que rappeler. Sa force réside dans ce qu'elle vous rappelle de vous-même. Elle vous fait savoir qu'il existe une autre voie : demeurer serein, même au sein de la tourmente que vous avez créée. La voix de Dieu est toujours sereine, car Il parle de paix. T70; T-5.II.7:1-7

Figure 5.2

Ni dans un cas, ni dans l'autre, le phare n'a fait quoi que ce soit. Il n'a pas poussé le navire contre les récifs parce que son capitaine ne voulait pas l'écouter, pas plus qu'il n'a placé l'autre bateau sur un cap adéquat pour récompenser la foi du capitaine.

La présence de la lumière et de l'amour de l'Esprit Saint nous rappelle qu'il existe une autre voie, nous dit la citation reproduite Figure 5.2. Que nous suivions ou non cette voie n'a aucun effet sur l'Esprit Saint — Il continue tout simplement de briller. L'Esprit Saint ne donne pas d'ordres ni n'exige quoi que ce soit de nous, pas plus qu'Il ne balaie les obstacles qui se trouvent sur notre chemin. Il nous rappelle seulement qu'il existe une autre façon d'être. Si nous pardonnons, les obstacles n'existeront plus. La forme du problème sera peut-être toujours là — ce n'est pas pour autant, par exemple, que notre voiture ne refusera plus de démarrer — mais nous le vivrons paisiblement. Le problème n'a jamais été la défection de cette voiture, mais la culpabilité cachée que son refus de démarrer a éveillée en nous. Le Manuel de travail énonce cela en ces termes : « Jamais je ne suis perturbé pour la raison que j'imagine » (Leçon 5). Dans chaque situation, l'Esprit Saint nous rappelle qu'il existe toujours une autre façon de considérer un problème et que cette nouvelle vision sera porteuse de paix. « Faites un nouveau choix », conseille le Cours, « et montrez-vous un tant soit peu consentent » à inviter en vous l'Esprit Saint afin qu'il vous aide

De notre point vue, il peut souvent sembler que l'Esprit Saint va et vient, entrant et sortant de notre esprit. A un certain moment nous sentons Sa présence, et l'instant suivant, Il nous a quitté. En réalité, c'est nous qui décidons de nous rapprocher de Lui ou de nous en éloigner.

*L'Esprit Saint viendra, de Lui-même, emplir
tout esprit qui lui fait place de cette façon. (...) Si
vous ne pouvez pas entendre la Voix de Dieu,
c'est parce que vous ne choisissez pas d'écouter.
Vos attitudes, vos sentiments et votre comportement témoignent qu'en revanche vous savez bien
écouter la voix de l'ego.*

(T278; T-14.XI.13:6 - T57; T-4.IV.1:1-2)

Pour l'ego, sentir la présence de l'Esprit Saint est
une chose terrifiante car cette présence va le dissoudre.
Nous ne pouvons semble-t-il prendre qu'une certaine
quantité d'amour et de lumière, puis il nous faut vite
retrouver la sécurité de la nuit de notre ego. Cependant, la lumière de l'Esprit Saint n'en continue pas
moins de briller dans notre esprit, intacte, attendant
avec une patience infinie notre prochain appel (Figure
5.3, page suivante).

Résumé

Le livret *The Song of Prayer* utilise l'analogie d'une
échelle pour illustrer la façon dont évolue notre usage
de la prière. Au bas de l'échelle, se trouvent les prières
qui réclament. Nous ignorons que Dieu nous a déjà
tout donné, et notre sentiment inhérent de péché et de
culpabilité nous dit qu'il nous manque quelque chose
(principe du manque). N'ayant plus conscience de
l'amour que Dieu nous porte, nous convertissons cette
carence en besoins matériels. Nous prions Dieu de nous
donner les choses dont nous pensons avoir besoin —
comme par exemple de l'argent, la guérison de notre
corps, etc. Ces choses, croyons-nous, vont nous apporter
la paix ; mais nous oublions que la forme même de cette
prière renforce à la fois le sentiment qu'il nous manque

L'Esprit Saint est toujours présent dans notre esprit

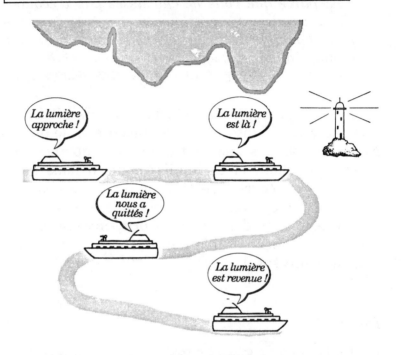

Pourquoi attendre le Ciel ? Ceux qui cherchent la lumière ne font que se voiler les yeux. La lumière est d'ores et déjà en eux. L'illumination n'est qu'une reconnaissance, absolument pas une métamorphose. La lumière n'appartient pas au monde et pourtant, vous qui portez la lumière en vous, êtes aussi un étranger ici. La lumière est venue avec vous depuis votre foyer natal, et est demeurée avec vous parce qu'elle est vôtre. C'est la seule chose que vous apportez avec vous de Celui qui est votre Source. Elle brille en vous parce qu'elle illumine votre maison, vous reconduisant vers le lieu dont elle est venue — et vous voilà chez vous.   W347; W-pI.188.1

Figure 5.3

certaines choses, et la croyance que la réponse à nos besoins se trouve à l'extérieur de notre esprit. Nous connaissons tous des personnes qui trouvent toujours une place où garer leur voiture, qui attirent l'argent ou qui parviennent à se soigner sans aide extérieure — et nous nous imaginons que ces personnes connaissent le secret de la prière. Mais c'est oublier l'immense pouvoir de notre esprit, que certains ont appris à maîtriser. Nous tendons ainsi à croire que c'est l'Esprit Saint qui octroie ces cadeaux, oubliant que « l'Esprit Saint ne se soucie pas de la forme, car il ne connaît que le sens » (T151; T-9.I.10:4). Reste que ces pouvoirs psychiques n'apportent pas la paix. Nous sommes constamment tenté de prier pour des choses spécifiques, restreignant de ce fait la réponse en l'enfermant dans les limites que nous avons ainsi établies.

Il est répondu à toutes nos prières, mais la réponse dépend de celui à qui nous les avons adressées. Aux prières nées de l'ego sollicitant des choses de ce monde, il sera répondu par des expériences appartenant au monde de l'ego — la culpabilité et la peur, sous une forme ou une autre. Peut-être obtiendrons-nous effectivement la forme pour laquelle nous avons prié, mais en agissant ainsi nous maintenons notre attention fixée sur les choses extérieures et renforçons le monde de la séparation, ce qui entretient nos sentiments de culpabilité et notre croyance en l'ego. Le Cours nous rappelle que « (...) la seule prière qui ait un sens est celle qui demande le pardon, car ceux qui ont été pardonnés possèdent tout » (T40; T-3.V.6:3).

L'important, pour l'Esprit Saint, n'est pas de nous débarrasser de nos problèmes, mais de nous montrer comment être en paix face aux épreuves de notre vie. En Le laissant nous apprendre à pardonner, nous déferons la culpabilité qui nous habite, et qui nous empêche de savoir que nous possédons déjà tout. Au sommet de l'échelle de la prière, nous découvrons que nous n'avons besoin de rien et revenons à sa forme initiale, avant que la séparation ne semble s'être produite. Cette prière première est un chant de louanges et de reconnaissance entre la créature et son Créateur, dont sont absents toute pensée, tout désir et tout besoin.

Je ne suis là que pour être un vrai serviteur.
Je suis là pour représenter Celui qui m'a envoyé.
Je n'ai pas à m'inquiéter de ce que je dois dire ou
faire, car Celui qui m'a envoyé me dirigera.
Je suis heureux de me trouver là où Il souhaite que
je sois, car je sais qu'Il y sera à mes côtés.
Je serai guéri en Le laissant m'enseigner à guérir.

Extrait de *A Course in Miracles*
(T24; T-2.V.18:2-6)

Chapitre 6

LA GUÉRISON D'AUTRUI

Introduction

Qu'est-ce qui a besoin d'être guéri, et comment cela s'effectue-t-il ? Est-ce que ce sont les techniques utilisées qui guérissent, ou bien ne sont-elles que des formes au travers desquelles peut survenir la guérison ? Qu'est-ce qui guérit, et est-ce que seuls certains élus ou certaines personnes ayant reçu un don peuvent y parvenir ? En quoi un guérisseur[11] guéri diffère-t-il d'un guérisseur non guéri ? Ce chapitre considère toutes ces questions, les explorant à la lumière de ce qu'en dit le Cours.

L'objet de la guérison

Dès les premières pages de ce livre, il était indiqué que tous nos problèmes physiques et psychologiques ont la même source et se résument en fait à un seul : la croyance que nous sommes séparé de Dieu et de nos semblables. Le pouvoir du déni et le voile d'oubli dont nous avons recouvert notre vraie demeure nous contraignent à rechercher la guérison à l'extérieur de nous-

---

[11] Nous rappelons que le terme guérisseur (en anglais, *healer*) s'entend sans la connotation restrictive ou péjorative qui lui est habituellement donnée en français. (N.d.T.)

même. La douleur physique ou psychologique appelant un soulagement immédiat, nous pouvons nous faire piéger à ne rechercher de l'aide que pour les symptômes du problème qui nous obnubile, en oubliant de regarder plus profondément pour trouver la cause qui se situe dans notre esprit. Nous nous adressons à des thérapeutes pour faire soigner nos corps physique et émotionnel endommagés et une fois cela fait, nous sommes satisfait pendant quelque temps — jusqu'à ce qu'un nouveau symptôme apparaisse.

Il n'y a rien de mal à vouloir soulager notre douleur, mais supprimer le symptôme n'est pas guérir. Si vous souffrez d'un fort mal de tête, votre attention sera bien sûr probablement axée sur la douleur, non sur sa cause. Mais en prenant un remède pour apaiser le mal, vous vous donnerez la possibilité de rechercher ce qui n'a pas été pardonné dans votre esprit. Car nous devons utiliser ces symptômes comme un rappel afin de nous remémorer que la cause de notre détresse ne se trouve pas dans le monde, mais dans notre décision de rester séparé. Toutes nos souffrances venant de la séparation, la guérison ne peut venir que de l'union. S'il nous est impossible de découvrir ce qui a besoin d'être pardonné, nous pouvons toujours commencer là où nous nous trouvons et nous unir à ceux qui nous entourent. En pratiquant ainsi le pardon d'instant en instant, nous briserons la séparation qui a engendré la douleur.

Notre fonction de guérisseur consiste à rappeler au patient, par notre exemple et notre propre présence, qu'il est toujours celui que Dieu a créé. C'est ainsi que Jésus réalisait ses miracles. Comme tout un chacun en ce monde, Jésus regardait d'abord en lui avant de regarder dehors. Quand il regardait en lui, il ne voyait que le Fils de Dieu, Christ. Ainsi, quand il regardait dehors et voyait un malade demandant à être guéri, il ne pouvait voir qu'un autre Fils de Dieu, mais endormi.

Quand ce malade se trouvait en présence de Jésus, il voyait quelqu'un qui, le considérant comme un égal, lui rappelait de ce fait qu'un autre choix s'offrait à lui. Jusque-là, le malade avait probablement été entouré de personnes qui ne s'intéressaient qu'à ses symptômes physiques, renforçant ainsi son concept de lui-même — un ego vivant dans un corps. La présence de Jésus, elle, lui rappelait qu'il était, non pas un ego, mais tel que Dieu l'avait créé. Le pouvoir de la lumière de Jésus suffisait à dissoudre l'obscurité du malade dès lors que ce dernier avait pris la décision d'être entier. En ce bref instant, le malade prenait conscience de sa vraie nature, sa nature de Christ, et n'avait par conséquent plus besoin de se défendre au moyen de la maladie. L'ego de cette personne avait été vaincu — provisoirement. Jésus savait bien qu'il reviendrait contre-attaquer dès la première occasion, et c'est pourquoi il donnait souvent ce conseil : « Va, et ne pèche plus. »

Pour être miraculeuse, ce genre de guérison n'est pourtant pas assurée de durer. Les chercheurs ont souvent observé que les guérisons miraculeuses sont rarement permanentes et que leurs bénéficiaires sont dans bien des cas frappés de la même maladie, ou d'une maladie proche, au bout de quelques mois ou quelques années. Les symptômes ont beau avoir été retirés, il ne s'agissait pas d'une guérison, mais seulement d'un sous-produit de la paix qui était entrée à ce moment-là dans l'esprit de l'intéressé.

La présence de Jésus était un rappel « d'autre chose », un appel à revenir à la maison, à l'amour du Père. Répondre à cet appel doit devenir le but de notre vie. Etre totalement guéri, c'est se réveiller du rêve de séparation dans lequel nous nous sommes perdu. En commençant à nous réveiller et à autoriser la présence de l'Esprit Saint en nous, nous pourrons offrir une voie de passage à Sa guérison.

Car de cela seul j'ai besoin ; que vous entendiez
les mots que je prononce, et que vous les donniez
au monde. Vous êtes ma voix, mes yeux, mes
pieds, mes mains, par lesquels je peux sauver le
monde.

(W322; W-pI.review V.9:2)

Cette citation indique on ne peut plus clairement que ce n'est pas nous qui guérissons, mais l'amour et la lumière de Jésus, ou de l'Esprit Saint, qui par nous pourront rayonner jusque dans le monde. Désormais dénué de tout ego, Jésus est devenu la manifestation de l'Esprit Saint dans notre monde.

Maladie ou guérison, c'est à nous de choisir

Comme la maladie, la guérison relève d'un choix, notre choix. Personne ne peut nous rendre malade, et personne ne peut nous guérir si telle n'est pas notre décision. « La guérison ne vient de personne d'autre. Vous devez accepter d'être guidé de l'intérieur », est-il écrit dans le Cours (T134; T-8.IV.4:5-6). Même en présence de quelqu'un comme Jésus, la personne malade doit toujours choisir de porter sur elle-même le même regard que Jésus. A la lecture de la Bible, il est manifeste que beaucoup ont préféré continuer d'écouter leur propre ego plutôt que sa voix d'amour et d'acceptation. La guérison venant menacer l'existence de leur ego, ils cherchaient refuge dans la peur et la maladie ; le monde illusoire de la forme était préféré au royaume sans forme de l'esprit offert par Jésus. Son système de pensée était si étranger à celui de l'ego que la plupart des gens se sentaient, non pas guéris, mais menacés par sa présence. Pour se défendre, l'ego attaquait ce qui risquait de le détruire.

J'ai souvent pu constater chez mes propres patients des sentiments ambivalents envers la guérison. Une partie d'eux veut être guérie, tandis qu'une autre résiste au processus — exactement comme s'ils disaient : « S'il vous plaît, guérissez-moi, mais ne changez pas ma façon de me voir et de voir le monde. S'il vous plaît, faites disparaître mes symptômes, mais laissez mon ego intact. »

Un fou défendra ses illusions car à ses yeux, c'est en elles que réside son salut. Ainsi, il attaquera celui qui essaie de le libérer de ses chimères, persuadé que c'est lui qu'on attaque. Cet effarant cercle d'attaque/défense constitue l'un des problèmes les plus difficiles auxquels le psychothérapeute se trouve confronté. C'est là en fait sa tâche principale, le cœur de la psychothérapie. Le thérapeute est considéré comme celui qui attaque le bien le plus cher du patient : son image de lui-même. Cette image étant devenue, aux yeux du patient, le garant de sa sécurité, le thérapeute ne peut qu'être vu comme une réelle source de danger qui doit être attaquée, voire tuée.

(P9; P-2.IV.9)

La guérison progresse lorsque le patient commence à prendre conscience qu'il n'est pas victime du monde extérieur, mais uniquement de ses propres pensées. C'est à ce moment-là que son ego, voyant son existence menacée, va lui recommander d'attaquer le guérisseur. Aider un patient à retrouver la cause de son problème, donc à revenir dans son esprit, c'est aussi le rapprocher de l'Esprit Saint qui s'y trouve. L'ego sait parfaitement que le Fils de Dieu endormi, le décideur, pourrait bien, en découvrant la présence de l'Esprit Saint, s'en remettre à ce dernier et ne plus l'écouter lui, l'ego. Si le guérisseur peut accueillir l'attaque du patient sans se défendre ni contre-attaquer, il fera la preuve de l'inutilité des défenses et montrera qu'en cet instant précis, il ne croit pas à la réalité de l'ego. Cet exemple offrira au patient une occasion de changer d'avis, de choisir le pardon au lieu de l'attaque.

> *Le malade se perçoit séparé de Dieu. Allez-vous vous aussi le considérer séparé de vous ? C'est votre tâche que de guérir le sentiment de séparation qui l'a rendu malade. C'est votre fonction que de reconnaître pour lui, que ce qu'il croit de lui-même n'est pas la vérité. C'est votre pardon qui doit lui montrer cela. La guérison est une chose très simple.*
>
> (M54; M-22.6:5-10)

Guérisseur guéri et guérisseur non guéri

Nous pouvons en apprendre beaucoup sur la nature de la vraie guérison en étudiant les passages du Cours exposant la différence entre un guérisseur guéri et un guérisseur non guéri. Jésus est un exemple de guérisseur guéri, qui écoute toujours et à jamais la voix de l'Esprit Saint. Bien que nous soyons très peu à avoir atteint ce stade, chaque fois que nous nous ouvrons à la présence de l'Esprit Saint lors d'une séance de guérison, nous devenons en cet instant un guérisseur guéri. Voici une série d'allégations opposées, telles que pourraient les formuler un guérisseur non guéri et un guérisseur guéri, explicitées par un extrait du Cours et quelques commentaires.

1a. Guérisseur non guéri : « Je possède des pouvoirs spéciaux que les autres n'ont pas. »

> *La magie voit toujours quelque chose de « spécial » chez le guérisseur, lequel croit pouvoir en faire cadeau à quelqu'un qui en serait démuni. Même s'il pense que ce don lui a été transmis par Dieu, il est tout à fait évident qu'il ne comprend pas Dieu s'il imagine posséder quelque chose que les autres n'ont pas.*
>
> (T111f; T-7.V.4:4-5)

Il s'agit là d'un piège dans lequel il est facile de tomber. L'état séparé engendre un profond sentiment d'infériorité qui est souvent compensé par un comportement de supériorité. Croire que vous avez reçu un don spécial vous donnant le pouvoir de guérir fait enfler l'ego, suscitant ainsi comparaisons et jugements vis-à-vis des autres guérisseurs. Une fois encore, nous voyons le désir de l'ego d'être spécial et différent des autres. Même si le guérisseur a conscience de ne pas être l'auteur de la guérison, mais seulement un intermédiaire, il devra veiller à ne pas tomber dans le piège de croire que Dieu l'a spécialement choisi, lui plutôt qu'un autre, pour lui octroyer Son don de guérison.

1b. Guérisseur guéri : « Je possède, comme chacun de nous, toutes les qualités de Dieu. Nous avons tous été créés égaux. Les différences de capacité ne sont que temporaires. »

> *La guérison ne perçoit chez le guérisseur rien qu'il ne possède pas en commun avec tout un chacun.*
>
> (T111; T-7.V.4:3)

Pour le guérisseur guéri, il est inconcevable que Dieu puisse créer des différences entre Ses enfants. Dieu a tout donné de Lui à sa Création. Selon le Cours, il ne nous manque qu'un seul attribut : la faculté de créer Dieu. Il est impossible à Dieu de spolier sa Création de quoi que ce soit. Qu'il existe dans le monde de l'ego des différences de capacité entre les uns et les autres est tout aussi évident, mais ces différences ne sont que provisoires car un jour, chacun s'éveillera à la gloire qui est notre identité véritable. Voici ce que le Manuel de l'enseignant dit des caractéristiques des Messagers de Dieu évolués : « Leur particularité n'est bien évidemment que temporaire — inscrite dans le temps pour conduire hors du temps » (M8; M-4.1:5).

2a. Guérisseur non guéri : « Je demande une juste rétribution en échange de la guérison que je vous ai donnée. »

> *Le guérisseur non guéri demande la gratitude de ses frères, mais n'en éprouve aucune à leur égard. Ceci, parce qu'il croit seulement donner quelque chose à ses frères, et ne pas recevoir quelque chose de tout aussi salutaire en retour.*
>
> (T112; T-7.V.7:1-2)

Persuadé de posséder un don spécial dont son patient est dépourvu, il lui semble tout naturel de recevoir une certaine rétribution en échange de la guérison. La guérison octroyée au patient apparaissant comme un processus à sens unique, le guérisseur non guéri estime qu'on lui doit quelque chose en retour. En règle générale, cet échange passe par de l'argent ; mais même si l'on ne demande pas d'argent, on attendra quelque chose en retour. Certains guérisseurs vont ainsi « (...) se servir de la relation uniquement pour se constituer une collection de corps à adorer dans leur mausolée — et pour eux, c'est cela la guérison » (P20; P-3.II.9:8). La dernière section du livret *Psychotherapy : Purpose, Process and Practice* traite justement de la question de la rémunération. Jésus y précise que tous les messagers de Dieu, même les plus avancés, ont des besoins terrestres et qu'il n'y a rien de mal à recevoir une rétribution pour le temps passé avec le patient. Mais, ajoute-t-il, « Il est une règle qui doit toujours être observée : ne jamais renvoyer quelqu'un parce qu'il ne peut pas payer » (P22; P-3.III.6:1).

2b. Guérisseur guéri : « Rien ne m'est retiré quand je donne ; bien au contraire, je reçois quelque chose. »

> *N'oubliez jamais que vous ne donnez qu'à vous-même. Quiconque comprend ce que signifie donner ne peut que rire à l'idée de sacrifice.*
>
> (W345; W-pI.187.6:1)

> *Pour commencer, vous apprenez que pour avoir il faut donner, et non acquérir.*
>
> (T102; T-6.V.C.6:1)

> *Le don se paie en recevant. Ou c'est une pénalité dont vous souffrez, ou c'est l'heureuse acquisition d'un trésor à chérir.*
>
> (T256; T-14.III.5:8-9)

Le guérisseur guéri sait que donner paix et amour à une autre personne, c'est reconnaître que cela existe déjà en elle. Ainsi, l'acte même de donner renforce sa propre reconnaissance de ce que lui aussi possède déjà. Nous nous trouvons là dans une perspective diamétralement opposée au mode de pensée habituel, selon lequel quelque chose nous serait retiré lorsque nous donnons. Quand ce sont les dons de Dieu que l'on dispense, ceux-ci ne peuvent que croître. Bien qu'en règle générale le guérisseur fasse payer la séance de thérapie à son patient, il sait aussi que « personne ne peut payer la thérapie, car la guérison procède de Dieu, et Lui ne demande rien » (P21; P-3.III.1:1).

Le guérisseur guéri reconnaît également qu'il attire les patients dont il a lui-même besoin pour aider à sa propre guérison.

> *Le thérapeute voit dans le patient tout ce qu'il ne s'est pas encore pardonné, et c'est pour lui une nouvelle occasion de regarder cela, de le reconsidérer et de le pardonner.*
>
> (P13; P-2.VI.6:3)

Il n'y a pas de hasards dans notre vie et tout ce qui nous arrive a reçu à quelque niveau notre accord, même si nous n'en sommes pas conscient. Bien que la forme soit différente, ce sont les mêmes leçons de pardon que vont apprendre le guérisseur et les patients qu'il attire à lui. A chaque séance de guérison, c'est une nouvelle opportunité de se guérir lui-même qui est offerte au guérisseur.

> *Qui donc est le thérapeute, et qui est le patient ?*
> *Au bout du compte, chacun est les deux à la fois.*
> *Qui a besoin d'être guéri doit donner la guérison.*
> *(...) Chaque patient venu consulter un thérapeute offre à ce dernier une occasion de guérison.*
>
> (P13; P-2.VII.1:1-3,7)

Sachant cela, le guérisseur comprend que dans chaque séance de guérison, l'échange est toujours égal, car chacun a la même chance d'apprendre de l'autre.

3a. Guérisseur non guéri : « Il faut que je guérisse le corps/la personnalité/la situation de mon patient. »

> *Dans le pire des cas, ils (les thérapeutes) ne font que rendre le corps réel dans leur esprit et une fois cela fait, cherchent par quelle magie ils vont pouvoir guérir les maux que leur esprit a calqué sur ce corps. Comment un tel processus pourrait-il guérir ? C'est grotesque du début à la fin.*
>
> (P8; P-2.IV.4:3-5)

Croyant que la cause de la maladie réside à l'extérieur de l'esprit du patient, le guérisseur non guéri cherche à susciter des changements au niveau de la forme — appliquant au corps une thérapie classique ou alternative, et prodiguant conseils et suggestions pour aider à modifier les circonstances matérielles ou la situation physique du patient. C'est cela que le Cours appelle « magie » : se focaliser sur la guérison des symptômes, sans s'intéresser à la cause qui se trouve dans l'esprit. La magie, c'est vouloir modifier quelque chose au mauvais niveau : celui de l'effet et non de la cause. Le Cours indique également que la magie n'a rien de répréhensible et que la plupart d'entre nous en ont besoin, car la peur qui nous habite est trop forte pour nous permettre de transformer facilement notre esprit. Si nous avons mal aux dents, il est sage de nous rendre chez le dentiste.

Le guérisseur non guéri croit que ses techniques et formes de guérison spéciales renferment un certain pouvoir. Il va sans dire que certaines techniques peuvent soulager ou guérir un état physique, et que c'est là ce que beaucoup de personnes demandent. Toutefois, « la fausse guérison s'appuie sur le rétablissement du corps, laissant la cause de la maladie intacte, prête à frapper encore jusqu'à aboutir à une mort cruelle dans ce qui semble être une victoire » (S17; S-3.II.6:1).

3b. Guérisseur guéri : « Toute maladie, toute souffrance naît dans notre esprit. Il n'y a pas d'exception à cette règle. Essayer de guérir autre chose que l'esprit "rend le faux, réel". »

> *Accepter que la maladie est une décision de l'esprit, prise pour remplir un objectif en se servant du corps, constitue le fondement de la guérison. Et cela s'applique à la guérison sous toutes ses formes. Un patient décide qu'il en est ainsi, et il guérit. S'il choisit de ne pas guérir, il ne sera pas guéri. Qui est le médecin ? Uniquement l'esprit du patient lui-même.*
>
> (M17; M-5.II.2:1-6)

Le guérisseur guéri comprend que l'image de soi du patient est fondée sur le péché, la culpabilité et la peur, et que la colère et le non-pardon de son esprit ont été projetés sur son corps. Il incombe au guérisseur de rappeler délicatement au patient qu'il existe une autre façon de voir le monde et sa propre personne, et que seul le pardon peut guérir un non-pardon.

4a. Guérisseur non guéri : « Je ne ressens pas l'amour de Dieu, mais je sais quoi faire pour vous guérir. »

> *Vous ne comprenez pas comment dépasser les erreurs, sinon vous n'en commettriez pas. Et ce ne serait que poursuivre dans l'erreur que d'aller croire que vous n'en commettez pas, ou bien que vous pouvez les corriger sans être guidé. Et si vous ne suivez pas ce Guide, vos erreurs ne seront pas corrigées. (...) Par conséquent, le moyen de les effacer ne vous appartient pas, mais vous est destiné.*
>
> (T157; T-9.IV.2:2-4,7)

Tant que nous ne nous sommes pas ouvert à l'amour de Dieu, nous n'avons comme seul guide que notre ego. Or l'ego ne regarde que le niveau de la forme et c'est là qu'il va nous dire quoi faire — acquérir des techniques et des pratiques efficaces qui vont guérir les autres. Ces techniques peuvent réussir à traiter le corps, mais pas le non-pardon qui se trouve dans notre esprit. Le guérisseur non guéri, persuadé de savoir ce qui est le mieux pour son patient, préfère s'en référer à son seul jugement.

A notre époque où la science prime sur tout le reste, beaucoup pensent que la recherche de médicaments plus performants et le développement de hautes technologies vont révolutionner la médecine. Pourtant, à peine a-t-on vaincu une maladie, qu'une autre apparaît pour prendre la relève. Tant que nous la valoriserons, nous continuerons de créer la maladie. Nous ne pourrons nous tourner vers l'Esprit Saint et Son aide tant que nous n'aurons pas accepté que tout ce que nous savons faire, c'est créer les problèmes et non les solutions.

4b. Guérisseur guéri : « Seul l'amour de Dieu guérit. Quand je m'unis à vous, l'amour et la lumière de Dieu emplissent nos esprits. »

Un thérapeute ne guérit pas ; il laisse la guérison être. Il peut montrer l'obscurité, mais il ne peut faire venir la lumière de lui, car la lumière ne lui appartient pas. Pourtant, existant pour lui, elle ne peut de même qu'exister pour son patient. L'Esprit Saint est le seul Thérapeute. Il rend limpide la guérison dans toute situation où il se trouve être le Guide. Vous ne pouvez que Le laisser accomplir Sa fonction. Il n'a besoin d'aucune aide pour cela. Il vous dira exactement que faire pour aider quiconque Il vous a envoyé

à cette fin et lui parlera au travers de vous si
vous n'interférez pas.

(T161; T-9.V.8:1-8)

Le guérisseur guéri se considère comme un outil
de communication au service de l'amour guérissant de
Dieu. Il lui incombe de cesser d'écouter son ego afin de
pouvoir être guidé par l'Esprit Saint dans ses paroles
et dans ses actes. Dans chaque situation de guérison,
sa seule tâche consiste à se pardonner lui-même en
présence du patient, car cela seul permettra à l'Esprit
Saint d'emplir son esprit de Sa présence.

Quelle que soit la technique employée ou l'école de
pensée à laquelle se rattache le guérisseur, celle-ci sera
utilisée par l'Esprit Saint, devenant la forme qui véhi-
culera Son amour et Son acceptation du patient. Ce
n'est pas la technique du guérisseur qui guérit, mais
l'Amour de Dieu propagé dans l'esprit du patient. L'acceptation aimante du guérisseur donne au patient
l'occasion de « faire un nouveau choix » et de pardonner
au lieu d'attaquer. L'amour de Dieu présent dans le
guérisseur montre au patient que les péchés dont il se
croit coupable n'ont aucun effet sur son interlocuteur,
et donc qu'il n'a pas péché. Si le patient accepte cela,
sa culpabilité et les symptômes physiques et psychologiques qui en découlent cessent d'exister. Même si
le patient n'est pas encore prêt à saisir cette occasion de
se pardonner, la guérison a quand même eu lieu. En
effet, explique le Cours, l'Esprit Saint conserve ce don
d'amour jusqu'au moment où le patient est prêt à le
recevoir.

5a. Guérisseur non guéri : « Mon patient est une
innocente victime de circonstances sur lesquelles il n'a
aucune prise. »

> *Ecoutez ce que dit l'ego, voyez ce qu'il vous
> ordonne de voir, et à coup sûr vous vous
> trouverez petit, vulnérable et empli de peur. Vous
> connaîtrez la dépression, vous vous sentirez
> inutile et méprisable, et vous éprouverez des
> sentiments d'impermanence et d'irréalité. Vous
> croirez être la proie impuissante de forces qui
> vous dépassent totalement et qui sont bien plus
> puissantes que vous.*
>
> (T425; T-21.V.2:2-5)

Le guérisseur non guéri est régi par son ego et ne
peut, à ce titre, que croire ses conseils. Son système de
pensée est axé sur le fait que nous sommes victime des
circonstances du monde du « dehors ». Ce que le guérisseur non guéri croit pour lui-même, il le croira aussi
à propos de son patient, renforçant ainsi les croyances
de ce dernier. Tout le but de la vraie guérison étant
de briser la croyance du patient (les circonstances et les
gens ont le pouvoir de lui faire du mal), le guérisseur
non guéri ne fait que nourrir l'illusion du patient.

5b. Guérisseur guéri : « Il n'y a pas de victimes. Chacun de nous choisit les événements de sa vie et sa façon
d'y réagir. »

> *Il est impossible que le Fils de Dieu soit pure-
> ment et simplement le jouet d'événements qui se
> passent en dehors de lui. Il est impossible que
> ce qui lui arrive ne soit pas son choix. Son
> pouvoir de décision est l'agent déterminant de
> chaque situation dans laquelle il semble se trou-
> ver par un heureux ou malheureux hasard.*
>
> (T418; T-21.II.3:1-3)

Le guérisseur guéri sait que chacun d'entre nous écrit le scénario de sa vie, même si nous sommes peu à en avoir conscience ou à bien vouloir le croire. Notre premier choix a été de naître sur cette planète parce que nous croyions que le bonheur se trouvait hors de nous ; nous espérons tous trouver la paix et le bonheur dans les formes de ce monde. Rien de ce qui arrive dans notre vie n'est le fait du hasard, car à un certain niveau c'est nous qui l'avons choisi.

En lui-même, tout événement est neutre au moment où il se produit. C'est nous qui choisissons ensuite la façon dont nous allons le regarder, soit par les yeux de l'ego, soit par ceux de l'Esprit Saint. Notre ego aimera ou rejettera l'événement en question, tandis que l'Esprit Saint n'y verra qu'une nouvelle occasion d'apprendre le pardon et de se rapprocher de Dieu. La guérison ne consiste cependant absolument pas, lorsque vous vous trouvez avec un être qui vous confie sa souffrance, à lui dire qu'il s'est lui-même créé cette souffrance et que celle-ci n'est due qu'à sa séparation d'avec Dieu. Si vous vous ouvrez à l'Esprit Saint, Il vous montrera comment vous trouver avec cette personne là où elle croit être et comment corriger l'erreur au niveau où elle est censée se trouver.

Jésus déclare : « Je suis un homme qui s'est rappelé l'esprit et sa connaissance. En tant qu'homme, je n'ai pas cherché à riposter au faux par la connaissance, mais à le corriger à la base » (T39; T-3.IV.7:3-4). Ainsi Jésus rencontrait-il les gens à leur propre niveau ; il écoutait leurs problèmes, même s'il savait que tout cela n'était qu'une illusion, et leur parlait en paraboles afin qu'ils puissent saisir un aperçu de sa vérité.

La guérison est un processus, tout comme le pardon et la prière. Si un patient est désespéré parce que son enfant a été violé et assassiné, le processus de guérison sera en principe très long. Ce sera là une intense leçon de pardon, qui devra procéder par étapes. Le patient finira peut-être par percevoir qu'il porte en lui la même peur que le meurtrier et que tous deux ont besoin de s'ouvrir à l'amour de Dieu. Comme il apprendra à pardonner au meurtrier, il apprendra à se pardonner lui-même et franchira un nouveau pas sur le chemin qui le ramène à Dieu.

Nous sommes beaucoup à penser que nos problèmes proviennent de notre petite enfance et de la façon dont nous avons été traités par notre mère ou notre père. Au terme du voyage de la guérison, nous finirons par comprendre que tous nos problèmes prennent racine dans notre concept épouvanté de notre Parent du Ciel. Quand enfin nous guérirons cette perception erronée et découvrirons le Père tout amour et tout acceptation qui nous attend tous, il n'y aura plus besoin de guérison.

6a. Guérisseur non guéri : « J'ai pitié de votre souffrance. »

S'unir ne signifie pas partager la souffrance, car c'est précisément cela, cette souffrance, que vous devez refuser de croire. Cette interprétation de l'empathie est celle de l'ego, et sert toujours à former une relation spéciale où la souffrance est mise en commun. (...) L'empathie telle que la conçoit l'ego est destructrice, et en voici la preuve la plus flagrante : elle ne s'applique qu'à certains types de problèmes et à certaines personnes seulement. Ce sont ces problèmes et ces personnes que l'ego a sélectionnés, et avec lesquels il s'unit. Or l'ego ne s'unit que pour se fortifier.

(T307; T-16.I.1:1-2, 2:1-3)

Dès l'instant où nous prenons parti dans une situation, c'est l'ego qui est aux commandes. Victime ou bourreau, tous deux vivent dans un état de peur et tous deux sont en mal d'amour. Fusionner avec la conscience de victime d'une autre personne, c'est renforcer la vôtre. Si le thérapeute manifeste de la pitié ou plaint son patient, celui-ci sera conforté dans son sentiment d'être une victime, et l'occasion de pardon sera perdue. Car l'objectif va alors devenir de « pardonner » à l'ennemi qui se trouve dans le monde — ce que Jésus appelle le « pardon-qui-détruit ».

Régi par des motivations erronées et s'appuyant sur la seule force de son ego, le guérisseur non guéri se sent souvent exténué ou « vidé ». Voici quelques-unes des principales raisons de cet épuisement :

- Le guérisseur non guéri est attaché aux résultats.

- Il pense être l'auteur de la guérison.

- Il croit que le patient, ne possédant aucune force intérieure, dépend entièrement de lui.

- La position de supériorité qu'il a adoptée l'empêche de se pardonner ses propres imperfections et ses jugements de lui-même.

- Il a besoin de se sentir indispensable.

- Il n'exprime pas ses propres besoins.

- Il a du mal à dire non aux demandes des autres.

- Il essaie de guérir le problème au niveau du symptôme — « dehors » dans le monde.

- Il oublie de se tourner vers l'Esprit Saint pour bénéficier de Son aide.

6b. Guérisseur guéri : « Je reconnais votre souffrance et je m'unis à la force qui réside en vous. Ma présence aimante vous rappelle que la lumière de Christ est en vous et que vous pouvez faire un nouveau choix. »

> *Et pourtant vous pouvez en être certain ; si vous restez simplement assis en toute sérénité et laissez l'Esprit Saint se relier au travers de vous, vous vous unirez avec la force et vous y gagnerez en force, et non en faiblesse.*

(T307; T-16.I.2:7)

Le guérisseur guéri travaille sur deux niveaux. Il accepte le patient là où il se trouve dans son processus, tout en sachant que le patient n'est pas l'ego qu'il croit être. Reconnaissant l'Esprit Saint en lui, il ne peut aussi que Le voir en son patient et c'est à ce niveau que l'empathie va prendre place. Le guérisseur ne s'apitoie pas avec son patient. Il ne cherche pas à le raisonner ou à le persuader de changer d'avis et de choisir la guérison au lieu de la maladie. Le patient n'a pas conscience d'avoir choisi la maladie — il est persuadé qu'il est victime de la faiblesse du corps.

Voici ce que dit le Cours sur ce point : « Ils n'ont aucun sens de toute l'absurdité de ce concept. S'ils en avaient la moindre idée, ils seraient guéris, mais ils n'ont pas l'ombre d'un doute. Pour eux, la séparation est bien réelle » (M18; M-5.III.1:10-12). Cette citation est extraite d'une section du Manuel de l'enseignant intitulée « La fonction d'un messager de Dieu ». On nous rappelle ici que c'est la présence du messager de Dieu, une présence emplie de paix, d'amour et d'acceptation, qui peut offrir au patient l'occasion de changer d'avis et de choisir le pardon au lieu de l'attaque.

Le patient sait, à un certain niveau, que sa douleur ne perturbe pas le guérisseur. Il sait que le guérisseur

voit quelque chose d'autre en lui, quelque chose qui
n'est pas son ego. C'est la présence du guérisseur guéri
qui donne au patient une opportunité de se connaître
sous un autre jour, d'abandonner le passé et de s'ouvrir
à sa vraie réalité.

> *La seule contribution significative que puisse*
> *apporter le guérisseur est de présenter l'exemple*
> *d'un être dont l'orientation a été changée, et qui*
> *ne croit plus aux cauchemars d'aucune sorte. La*
> *lumière présente en son esprit va par conséquent*
> *répondre au questionneur, qui doit décider avec*
> *Dieu qu'il y a de la lumière parce qu'il la voit.*
>   (T160; T-9.V.7:4-5)

La véritable fonction du guérisseur consiste à représenter un rappel d'une autre façon d'être, à offrir au
patient l'exemple d'un être qui croit en la réalité de
l'Esprit Saint, et pas de l'ego. Ce ne sont pas les techniques employées par le guérisseur qui suscitent la guérison. Comme il l'a déjà été précisé : « Ce ne sont pas
leurs mains qui guérissent. Ce n'est pas leur voix qui
prononce la parole de Dieu. Ils ne font que donner ce
qui leur a été donné » (M.18; M-5.III.2:8-10).

La Bible nous dit que Jésus utilisait ses mains pour
guérir, et même sa salive. Mais il savait que les gens
associaient l'imposition des mains à la guérison et
croyaient au pouvoir guérisseur de la salive. Il se
conformait à leurs besoins et à leurs attentes, utilisant
leur système de croyances pour leur bien. Mais c'était
sa présence aimante et sereine qui leur rappelait qu'ils
pouvaient choisir de pardonner et retrouver la paix au
lieu de suivre la voie de la séparation, de l'attaque et de
la maladie préconisée par l'ego. La gravité apparente
d'une maladie n'alarmait pas davantage Jésus, car il

savait que toute maladie sert toujours le même objectif de l'ego : donner une réalité à son système de pensée. Si Jésus avait pensé que certaines maladies étaient plus difficiles à guérir que d'autres, il aurait par là même marqué son accord avec l'ego, convenant avec lui qu'il existe une hiérarchie des problèmes de ce monde. (Voir *The Laws of Chaos*, chapitre 23 du Texte.)

Chaque fois qu'une guérison lui était demandée et quelle qu'ait été l'apparente gravité de la maladie, Jésus savait qu'il n'avait qu'une seule tâche à accomplir — dissiper dans l'esprit du malade l'illusion d'être séparé de Dieu, lui montrer que Dieu l'aimait toujours et qu'il était demeuré tel que Dieu l'avait créé.

Au fur et à mesure que nous progresserons sur le chemin du pardon, la lumière de l'Esprit Saint illuminera notre esprit comme elle l'a fait pour Jésus, et de nous rayonnera jusque dans l'esprit d'autrui. C'est cette lumière, si elle est acceptée, qui fera œuvre de guérison. Quand l'ego aura disparu, seul l'Esprit Saint demeurera dans notre esprit pour bénir tous ceux que nous rencontrerons. La fonction du décideur disparaîtra elle aussi et nous serons guidé d'instant en instant dans nos paroles et dans nos actes. L'effort, le choix et la confusion feront place à la paix, à la joie et à l'évidence de Dieu — nous saurons alors que nous avons été guéri.

N'oubliez pas que la guérison du Fils de Dieu est la seule raison d'être du monde. C'est là son seul objet aux yeux de l'Esprit Saint, et donc le seul qu'il puisse avoir.

(T476; T-24.VI.4:1-2)

ANNEXES

- ♦ *A Course in Miracles* — Résumé

- ♦ *A Course in Miracles* — Concepts clés

- ♦ Livres et cassettes recommandés

- ♦ Commandes par correspondance

A *Course in Miracles*

Résumé

« Vous pourriez être surpris d'entendre combien la réalité est différente de ce que vous voyez » (T348; T-18.I.5:1)[12]. Nos sens nous font percevoir un monde qui semble bien solide et bien réel. Le Cours nous informe cependant que nous passons la totalité de notre temps, heures de sommeil et heures de veille confondues, dans un rêve — le rêve d'une apparente séparation d'avec Dieu. Notre vraie nature reste l'esprit, car c'est esprit que Dieu nous a créés, et est éternelle. Dieu, dit le Cours, est parfait, sans limites, sans forme, éternel et immuable — il ne peut donc qu'en être de même pour Sa Création, Christ ou le Fils. Rien, dans cet univers, ne pouvant se voir attribuer l'un ou l'autre de ces qualificatifs, ce monde ne peut pas avoir été créé par Dieu. Nous sommes des idées dans l'esprit de Dieu et ne pouvons donc, à ce titre, quitter l'esprit de Dieu. Cette parfaite unité entre Dieu et Christ constitue le Ciel, que rien ne peut venir menacer.

Pour des raisons qu'il nous est impossible de comprendre, une pensée, celle de se séparer de Dieu, est entrée dans l'esprit collectif du Fils. Cette idée, que le Cours dénomme l'ego et à laquelle nous avons « oublié

---

[12] Ce résumé, de même que le diagramme des concepts clés, s'inspire d'idées exposées dans le livre de Gloria et Kenneth Wapnick *Awaken from the Dream* (voir page 192).

A Course in Miracles
Résumé graphique

"Rien de réel ne peut être menacé."
(*Introduction, Text*)

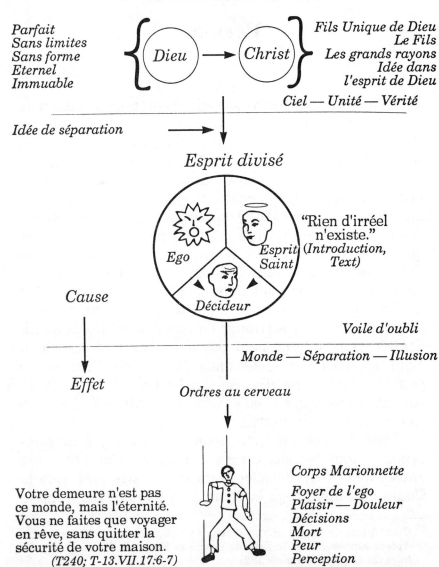

Parfait
Sans limites
Sans forme
Eternel
Immuable

Fils Unique de Dieu
Le Fils
Les grands rayons
Idée dans
l'esprit de Dieu

Ciel — Unité — Vérité

Idée de séparation

Esprit divisé

Ego

Esprit Saint

Décideur

"Rien d'irréel n'existe."
(*Introduction, Text*)

Cause

Voile d'oubli

Monde — Séparation — Illusion

Effet

Ordres au cerveau

Corps Marionnette
Foyer de l'ego
Plaisir — Douleur
Décisions
Mort
Peur
Perception

Votre demeure n'est pas ce monde, mais l'éternité. Vous ne faites que voyager en rêve, sans quitter la sécurité de votre maison.
(*T240; T-13.VII.17:6-7*)

de rire », disait que nous pouvions prendre la place de Dieu et devenir le Créateur. Pour répondre à cela, Dieu a créé l'Esprit Saint et L'a placé dans notre esprit afin de corriger cette « petite idée folle » de séparation.

Choisissant de ne pas écouter cette Voix de Dieu, nous avons éprouvé un accablant sentiment de péché devant l'acte que nous pensions avoir accompli, et de ce sentiment, sont nées la culpabilité et la peur du châtiment de Dieu. Notre esprit s'est alors fragmenté en trois parties : l'ego (désordre), l'Esprit Saint (ordre), et le Fils de Dieu endormi (le *décideur*) qui doit désormais choisir lequel des deux écouter. La partie ego nous avise que nous ne pourrons pas survivre à la colère vengeresse de Dieu, représenté par l'Esprit Saint présent en nous. La peur nous fait écouter cet avis et nous identifier à l'ego ; puis nous projetons la pensée de la séparation hors de notre esprit sous la forme d'une image. Cette image est notre univers physique, où nous pouvons désormais nous dissimuler et nous dérober à la colère de Dieu et à notre culpabilité.

Un voile d'oubli recouvre notre décision et ce monde illusoire nous semble on ne peut plus réel. Pourtant, nous nous trouvons toujours en sécurité dans le Ciel, bien que perdu dans notre rêve d'exil. Cette illusion est si puissante que sans l'aide de l'Esprit Saint, nous ne pourrions pas nous réveiller. C'est désormais notre corps qui nous semble la réalité, et non l'esprit que nous révélerait la « vision ». L'ego nous enseigne à nier notre culpabilité et à la projeter sur autrui. Notre culpabilité (haine de nous-même) semble maintenant créée par des personnes et des circonstances extérieures à nous-même. Nous nous sentons en droit d'éprouver de la colère à l'encontre des autres et il devient impératif d'attaquer pour nous défendre (relations spéciales de haine). Ressentant un grand vide en nous, nous écoutons l'ego qui nous conseille de trouver des personnes

aptes à combler les divers besoins — sécurité, sexe,
argent, carrière, etc. — que nous imaginons avoir
(relations spéciales d'amour).

Pour nous réveiller de ce rêve et retrouver notre
vision perdue, il nous faut briser notre croyance en la
séparation d'avec Dieu. Cela va s'accomplir par le
Rachat — c'est ainsi que le Cours appelle le plan de
l'Esprit Saint visant à nous réveiller (correction de
notre perception). Nous commençons par apprendre que
le monde n'est qu'un miroir, par nature neutre, des
croyances qui se trouvent dans notre esprit. Personne
ni aucun événement n'a le pouvoir de nous donner ou
de nous ôter notre paix. Quand une personne ou une
chose du monde « du dehors » nous gêne ou nous irrite,
c'est seulement parce qu'une projection non pardonnée
d'une partie ou d'une autre de notre esprit nous est
mise sous les yeux.

Si nous nous montrons « un tant soit peu consen-
tant » à autoriser le conseil de pardon de l'Esprit Saint
à entrer dans notre esprit, nous allons pouvoir entre-
prendre le voyage qui va dissoudre la séparation, en
nous unissant à ceux qui nous entourent. Pardonner,
c'est en premier lieu retirer du monde les projections
que nous y avons placées, puis les ramener à leur lieu
d'origine, c'est-à-dire dans notre esprit. Nous avons à
présent l'occasion de guérir notre esprit en cessant de
juger ce que contient sa partie ego. C'est ce jugement de
nous-même qui empêche notre esprit d'être guéri par
l'Esprit Saint. La culpabilité appelle le châtiment, non
la guérison.

Comme nous apprenons à cesser de nous juger,
nous permettons à l'amour de l'Esprit Saint, toujours
présent en nous, de dissiper les nuages de culpabilité
qui emplissent notre esprit. C'est cela, ce renversement
de perception qui nous fait passer du monde de séparation et d'attaque de l'ego au regard d'union et de pardon

de l'Esprit Saint, que le Cours appelle un miracle. En pratiquant le pardon dans nos relations, nous commençons à rompre la culpabilité qui recouvre le souvenir de l'amour de Dieu dans notre esprit. Nous commençons à voir que ce que nous avons fui, ce n'est pas la colère de Dieu, mais Son amour. Mais retrouver la conscience de l'amour de Dieu va faire disparaître notre ego, et c'est là notre plus grande peur.

Les relations deviennent une salle de classe où nous pouvons apprendre à nous pardonner en pardonnant autrui (relations sacrées). Jésus constitue le plus grand exemple de cette leçon de pardon. De plus en plus, nous allons comprendre que lorsque quelqu'un nous attaque, poussé par la peur, c'est en réalité notre amour qu'il demande. Nous commençons ainsi à permettre à l'Esprit Saint de transformer notre monde et, d'une prison de l'ego, d'en faire un instrument d'apprentissage qui va nous réveiller du rêve de séparation pour nous permettre d'entrer dans le monde réel de la vision.

Après avoir réveillé dans notre esprit la connaissance de notre identité véritable, nous parcourrons le monde dans une paix totale, habité d'une joie intérieure que rien ne pourra venir nous ôter. Nous verrons alors en chaque habitant de ce monde un frère ou une sœur dont la réalité est l'esprit éternel, et vers qui nous propageons l'amour de l'Esprit Saint.

Ciel

Unité parfaite de Dieu et de Christ

- Christ • Rayonnement • Connaissance
Esprit • Esprit Un • Volonté
Amour • Vie • Eternité

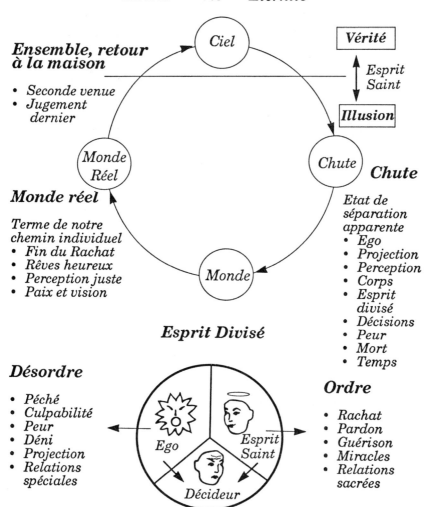

Ensemble, retour à la maison

- Seconde venue
- Jugement dernier

Ciel

Vérité

Esprit Saint

Illusion

Monde réel

Terme de notre chemin individuel
- Fin du Rachat
- Rêves heureux
- Perception juste
- Paix et vision

Monde Réel

Chute

Chute

Etat de séparation apparente
- Ego
- Projection
- Perception
- Corps
- Esprit divisé
- Décisions
- Peur
- Mort
- Temps

Monde

Esprit Divisé

Désordre

- Péché
- Culpabilité
- Peur
- Déni
- Projection
- Relations spéciales

Ego

Esprit Saint

Décideur

Ordre

- Rachat
- Pardon
- Guérison
- Miracles
- Relations sacrées

A Course in Miracles

Livres et cassettes recommandés

Foundation for Inner Peace. Tiburon, Californie

- *A Course in Miracles.*
- *The Song of Prayer.*
- *Psychotherapy : Purpose, Process and Practice.*
- *The Gifts of God. The inspired poetry of Helen Schucman.*

Choix de livres et cassettes du Dr Kenneth Wapnick

Edités par la *Foundation for A Course in Miracles*, New York.

Livres

- *A Talk Given on A Courses in Miracles.* Introduction approfondie aux principes de *A Course in Miracles*.
- *Christian Psychology in A Course in Miracles.* Les dynamiques de l'ego, sa dissolution par le pardon de l'Esprit Saint, et le rôle joué par ces thèmes dans le Christianisme traditionnel.

♦ *Forgiveness and Jesus*. Egalement édité par Arkana Publications sous le titre *The Meaning of Forgiveness*. Tout en réinterprétant certaines conceptions du Christianisme traditionnel selon les principes exposés dans le Cours, cet ouvrage étudie la mise en pratique de ces derniers eu égard aux grandes questions de notre vie telles que l'injustice, la colère, la maladie, la sexualité et l'argent.

♦ *Absence from Felicity*. L'histoire d'Helen Schucman et de l'écriture du Cours.

♦ *Glossary — Index for A Cours in Miracles*. Un guide précieux pour ceux qui étudient le Cours.

♦ *Awaken from the Dream*. Ecrit en collaboration avec Gloria Wapnick, cet ouvrage présente différemment les idées de base exposées dans le Cours, et propose une nouvelle approche de l'enseignement métaphysique du Cours visant à « ne pas rendre le faux, réel ».

Cassettes

♦ *Healing the Unhealed Healer* — 8 cassettes

♦ *Sickness and Healing*   — 7 cassettes

♦ *The Song of Prayer*   — 9 cassettes
Explication ligne par ligne du livret écrit.

♦ *The Simplicity of Salvation*   — 8 cassettes
Résumé approfondi des principes du Cours.

Note de l'auteur. Cette liste n'est qu'une petite sélection parmi les nombreux livres et jeux de cassettes réalisés par Kenneth et Gloria Wapnick. Leurs publications sont à mon avis les plus aptes à faire autorité à propos du Cours.

Musique

♦ *Songs From the Heart,* de Susan McCullen. Songs of the Heart, 510 West Summit, Ann Arbor, MI 48103, USA. Une superbe cassette de chants et musiques fondés sur les enseignements du Cours.

Vidéo

♦ *The Story of A Cours in Miracles.* Foundation for Inner Peace, P.O. Box 598, Mill Valley, California 94942-0598, USA. La première moitié de ce documentaire de deux heures et demie, *The Forgotten Song,* raconte comment le Cours a vu le jour. La seconde moitié du film, *The Song Remembered,* présente les témoignages de 27 étudiants du Cours qui expliquent ce que ce dernier signifie pour eux et comment il a changé leur vie.

Autres supports

♦ *A Course in Miracles,* ainsi que les livrets *The Song of Prayer* et *Psychotherapy : Purpose, Process and Practice* existent sur disquettes informatiques. Center Link Information Services Inc., 3 Miller Road, Putnam Valley, New York 10579, USA. Tél./Fax 914-528-7617.

♦ *A Course in Miracles* a également été enregistré sur cassettes audio (42 cassettes de 90 mn). Foundation for Inner Peace, P.O. Box 598, Mill Valley, California 94942-0598, USA.

♦ *A Course in Miracles Workbook Lesson Cards.* Reprenant les 365 leçons du Manuel de Travail, ces cartes rigides permettent d'emmener partout avec soi la leçon sur laquelle on est en train de travailler.

Commandes par correspondance

FRANCE

A Course in Miracles est disponible auprès du Souffle d'Or :
— par courrier : B.P. 3, 05300 Barret-le-Bas (France)
— par téléphone : 92.65.10.61
— par télécopie : 92.65.08.79
— par minitel : 36 15 CLEDOR

A noter qu'il s'agit d'un ouvrage important nécessitant une excellente connaissance de l'anglais.

ETATS-UNIS

Foundation for A Course in Miracles
Conference and Retreat Center, 1275 Tennanah Lake Road, Roscoe, New York 12776-5905. Tél. 607.498-4116. Fax : 607.498-5325.
Kenneth et Gloria Wapnick éditent un bulletin, *The Lighthouse*, contenant toutes les indications nécessaires pour se procurer leurs livres et cassettes ainsi que les publications de la Foundation for Inner Peace. Y sont également annoncés les ateliers, séminaires et programmes du Centre.

Michael et Salice Dawson vivent actuellement en Australie, où ils donnent des entretiens et animent des séminaires sur *A Course in Miracles*. Pour toute information, leur écrire sous couvert de Findhorn Press, The Park, Findhorn, Forres IV36 OTZ, Moray, Ecosse.

Trouver une identité pour l'homme du XXIe siècle

Carol RIDDELL

Findhorn : 30 ans d'expérience

trouver une identité pour l'homme du xxie siecle

collection FINDHORN

Créée en 1962, la fondation Findhorn constitue encore, 30 ans plus tard, l'un des éléments importants d'un mouvement mondial de transformation spirituelle. Pour son rôle précurseur et le modèle qu'elle met en pratique, elle mérite une attention particulière au moment où nous devons affronter de grands défis écologiques, économiques et éthiques.

Comment vit-on aujourd'hui à Findhorn ? Quelle est l'inspiration spirituelle qui anime l'existence de la communauté et son évolution au fil des années ? Comment est-elle organisée et gérée ? Quels sont les gens qui y vivent et y passent ? Pourquoi le font-ils et quel est leur cheminement ?

Carol Riddell répond à ces questions en retraçant l'histoire de la communauté depuis le patriarcat des premiers temps jusqu'aux premiers pas vers une « démocratie spirituelle ». Elle présente les rapports de la fondation Findhorn avec la terre et l'environnement, ainsi que les entreprises et projets indépendants qui se créent autour d'elle. Elle montre comment une identité spirituelle contemporaine peut s'élaborer jour après jour grâce aux activités toutes simples d'un groupe de gens qui travaillent et vivent ensemble.

Carol Riddell est membre de la fondation Findhorn depuis 1983. Elle a une formation de sociologue et a pratiqué la méditation zen et plusieurs techniques de développement personnel. Son tempérament de chercheur l'a conduite à Findhorn où elle a travaillé 3 ans aux jardins avant de diriger le département du personnel.

P ar ce petit livre bref et facile à consulter, William BLOOM nous convie à vivre activement les moments importants de la vie. Ainsi le lecteur disposera de pistes, qui lui permettront de composer, de manière authentique, son propre rituel. A notre époque de mutation rapide, nous ressentons le besoin de retrouver une nouvelle incarnation de notre vie spirituelle. Nous cherchons à retrouver une dimension sacrée, à nous reconnecter à notre environnement, mais d'une manière qui honore notre liberté et notre croissance personnelle. C'est ainsi que nous puisons dans les enseignements, les expériences et la sagesse éternels, mais avec des attitudes toutes nouvelles. Il est important de nous forger notre propre autorité spirituelle.

William BLOOM est écrivain et enseignant; il fait la synthèse de la sagesse des mystères traditionnels et d'une approche moderne du développement personnel et du changement social. Il a longtemps participé activement à la Fondation FINDHORN, et a fondé à Londres le programme alternatif de l'église Saint-James à Piccadilly.

Achevé d'imprimer en août 1997
sur presse Cameron
*par **Bussière Camedan Imprimeries***
à Saint-Amand-Montrond (Cher)

Dépôt légal : août 1997.
N° d'impression : 1/2221.

Imprimé en France